MÉMOIRES

POUR SERVIR

A L'HISTOIRE

ET A L'ÉTABLISSEMENT

DU

MAGNÉTISME ANIMAL.
SECONDE ÉDITION.

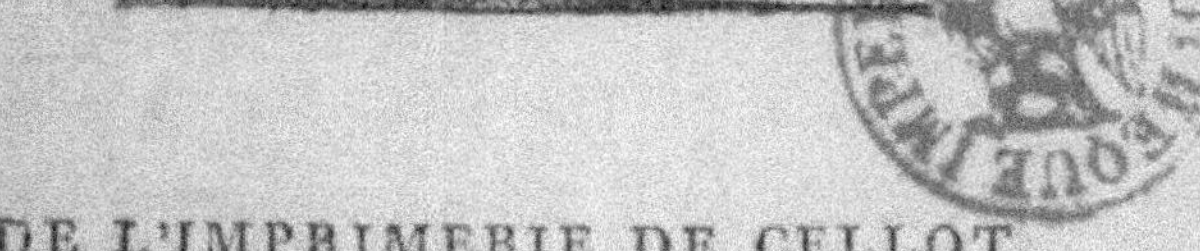

DE L'IMPRIMERIE DE CELLOT.

A PARIS,

Chez { L'AUTEUR, rue Saint-Honoré, n°. 390 ;
Chez { CELLOT, rue des Grands-Augustins, n°. 9.

1809.

MÉMOIRES

pour servir

à l'histoire

ET A L'ÉTABLISSEMENT

du

MAGNÉTISME ANIMAL.

SECONDE ÉDITION.

DE L'IMPRIMERIE DE CELLOT.

A PARIS,

1785.

INTRODUCTION.

———

Les expériences de M. Pététin, docteur en
médecine à Lyon, sur des femmes cataleptiques, et qui viennent d'être publiées dans
un volume intitulé : *De l'Électricité animale*,
sont le motif qui m'engage à réimprimer ces
mémoires. C'est en comparant et rapprochant
les faits rapportés dans l'un et l'autre ouvrage,
que l'on pourra plus sainement les apprécier
et juger de la nature de leurs causes. Des faits
si semblables en beaucoup de points se doivent nécessairement prêter un mutuel appui ;
et lorsque je crois à l'intuitive vision des femmes
cataleptiques de M. Pététin, par la raison que
j'ai vu nombre de fois cette même vision se
manifester dans beaucoup d'autres maladies
soumises à l'action électro - magnétique ; de
même il me semble que les médecins, sur la
foi des observations de leur confrère, ne
doivent et ne peuvent plus douter aujourd'hui

de la véracité de mes rapports et de mes expériences.

Soit donc que mon livre soit le type de la croyance aux faits rapportés par M. Pétetin, soit qu'il ne serve qu'à les confirmer, *la possibilité, dans de certains cas, du développement d'une intuitive et instinctive faculté dans l'homme*, ne doit ni ne peut plus être une question aujourd'hui. Ce ne sont pas seulement des magnétiseurs, c'est un homme de l'art, c'est un médecin célèbre, qui vient de le décider affirmativement.

Mais ce premier pas fait dans la route de la vérité, conduiroit bientôt dans un labyrinthe inextricable de fausses maximes et d'erreurs, si l'on alloit également admettre incontestables et certaines, toutes les conséquences, les théories et les inductions que tire M. Pétetin de ses curieuses et surprenantes expériences; mes mémoires serviront encore, j'espère, de préservatif à ce danger.

M. Pétetin, par exemple, avance, et même affirme, que le développement des intuitives facultés somnambuliques, n'a lieu que dans les maladies que l'on désigne du nom de catalepsie ; c'est une erreur, il devoit seulement dire qu'il ne l'avoit observé que dans ces sortes de maladies. L'on a pu voir dans mes mémoires de 1807, et l'on verra de même dans ceux-ci, que dans toute espèce de maux, d'infirmités, ou de dérangement quelconque d'équilibre dans le système de notre organisation, le développement de l'instinct peut être provoqué par l'active énergie de l'électromagnétisme humain. *Joly, Viélet, Catherine Vidron*, la femme *Métivier*, et tant d'autres, ont passé successivement, pendant la durée de leur traitement, de l'état naturel ou somnambulique, à celui de catalepsie, et m'en ont offert tous les phénomènes. Les observations et expériences de M. Pétetin ne prouvent donc autre chose, sinon que la nature produit souvent elle seule les états que j'ai provoqués par mon action magnétique.... et ce doit être en effet ainsi ; car, bien certainement, tant d'autres personnes avec moi, n'avons pu ni dû produire, en magnétisant, rien que de très-naturel.

Cette différence d'opinion sur ce premier point, entre M. le docteur Pétetin et moi, ne détruit ni n'infirme, au reste, en rien l'état de la question ; ce que j'y ajoute ne peut qu'exciter l'étonnement et la juste curiosité de tout observateur empressé de reconnoître la vérité ; c'est un fait à constater, que l'expérience seule prouve, et dont, par aucun raisonnement, on ne parviendroit certainement jamais d'avance à donner la certitude.

Une autre assertion de M. Pétetin, non moins fausse, et qu'il a très-inconsidérément avancée, c'est que l'électricité animale (qu'il suppose apparemment accumulée ou en grande fermentation dans les cataleptiques) provoque toujours et constamment en eux les mêmes phénomènes que nous voyons se manifester par le moyen de nos passives machines électriques. C'est encore une erreur ; et si jamais elle venoit à se propager parmi les savans physiologistes et autres, ce seroit peut-être l'obstacle qui, dans cette circonstance, s'opposeroit le plus à la recherche qu'ils voudroient faire de la vérité : cette erreur seroit d'autant plus funeste pour eux, que toutes les expériences qu'ils tenteroient, d'après cette opinion, la leur confimeroient : ainsi donc, ils concluroient avec M. Pététin, que, dans ce qu'on appelle l'état cataleptique (dont le somnambulisme, suivant ce même docteur, n'est qu'une modification) , toute communication avec les malades est constamment interceptée par la soie, le verre, et généralement par toutes les substances idio-électriques, tandis que c'est absolument le contraire ; ainsi que ces mémoires en fourniront la preuve, et bien mieux que tout ce que je pourrois y ajouter dans cette introduction.

Mais cependant, dira-t-on sans doute, M. Pététin appuie ses assertions d'expériences irrécusables, ou plutôt il ne conclut l'identité de phénomènes, dans l'une et l'autre électricité, qu'après s'être isolé lui-même de ses malades, à l'aide d'une baguette de verre, d'un bâton de cire d'Espagne, ou autres corps analogues. J'en conviens : d'après ses expériences, M. Pététin ne pouvoit conclure autrement. C'est de même, et tout aussi consé-

quemment , qu'il y a une trentaine d'années ,
M. Mesmer avoit conclu de tous les phénomènes magnétiques que lui avoit offerts ,
aussi par hasard , une très-célèbre cataleptique
de Vienne en Autriche , mademoiselle *Para-
dis* , que de toucher la main ou le pied droit des
malades , dans cet état , avec sa main ou son
pied droit , leur faisoit un mal extrême , et cela
par la raison que tout , disoit-il , dans la nature ,
étant soumis à l'entraînement des courans magnétiques , les hommes , ainsi que l'aiguille
d'une boussole , avoient nécessairement des
poles amis et ennemis ; en conséquence de quoi
donc on ne devoit se toucher les mains que de
gauche à droite , et de droite à gauche : il ne
falloit pas non plus s'aviser de magnétiser
lorsque soi-même ou le malade avoit les
jambes croisées , ni remonter la main de bas
en haut , etc.... Tout cela , disoit-il encore ,
contrarioit l'effet des courans magnétiques , et
causoit aux malades des chocs désagréables ou
dangereux ; l'expérience de même , ainsi que
pour M. Pétetin , précédoit ou venoit à l'appui
de sa doctrine ; et comme tous tant que nous

étions de ses élèves , en étions intimement convaincus , il arrivoit en effet que toutes les fois que nous nous approchions des malheureuses cataleptiques de son traitement , abandonnées à tout le désordre de leur convulsion , nous les faisions gambader , se culbuter ou se tranquilliser à notre volonté , selon que , pour nous instruire , ou le plus souvent pour en rire , nous les touchions alternativement , avec ce qu'alors nous appelions nos poles amis ou ennemis.

Il en est de même absolument des expériences et des théories de M. Pétetin , et je suis très-certain d'avance (sans les connoître et leur avoir jamais parlé) , qu'il n'y a pas un seul de ses élèves en *électricité animale*, qui , plein de confiance et de dévotion dans la parole de son maître , n'ait répété avec succès l'expérience du bâton de cire d'Espagne , celle de la corde sèche ou mouillée , et toutes les autres formules enfin , ou procédés puérils , prescrits par lui pour justifier sa doctrine.

La seule différence entre M. Mesmer et M. Pétetin , c'est que le premier ne voyoit partout que des courans de fluide magnétique, tandis que le second ne portoit sa pensée que sur des manifestations électriques. Ayant donc tous deux rencontré par hasard des êtres assez mobiles pour obéir et céder à l'impulsion de leur pensée, tous deux, en croyant observer la nature, en moduloient ou contrarioient, sans s'en apercevoir, également les manifestations… L'on verra dans ces mémoires, comment, après avoir moi-même, pendant plus de quinze jours, tourmenté et picoté mon premier malade, *Victor*, par le contact alternatif de mes poles imaginaires, ce paysan, simple et fort borné, détruisit tout l'échafaudage de mes théories, et m'apprit enfin la cause et le secret de toute ma puissance.

Ce que je viens de dire des expériences erronées de M. Pételin, relativement aux analogies électriques, se peut appliquer de même à toutes celles qu'il a faites, et dont il prescrit l'observance, pour se faire entendre et obtenir des réponses des somnambules cataleptiques. Il est faux, et de toute fausseté, que les malades dans cet état ne répondent aux questions

qui leur sont faites , que lorsqu'on leur parle
à l'épigastre , ou sur le bout de leurs cinq doigts
réunis en pointe.

Je crois bien , et même très-fermement ,
que M. Pétetin , ainsi que tous ceux qu'il
mettoit en communication avec ses malades ,
ne pouvoient s'en faire entendre autrement :
cela devoit être ainsi , du moment que , bien
convaincus eux-mêmes , n'importe par quelle
raison , de la nécessité d'employer ces procédés ,
ils avoient précédemment soumis , sans s'en
douter, la mobilité de ces êtres éminemment et
naturellement magnétiques , à l'empire et l'influence de toutes leurs persuasions ; mais ce
n'étoit qu'une illusion. Si par hasard , ou par
l'adoption préliminaire de quelqu'autre systême, M. Pétetin se fût imaginé ne pouvoir
obtenir de réponse de ses cataleptiques qu'à
travers une feuille de rose , au déclin de la
lune de mai , ces malheureuses créatures , hé-
las ! fussent restées muettes onze mois et demi
de l'année ; c'est alors qu'avec au moins quelqu'apparence de raison, il eût pu s'écrier : *quel
prodige !* et que beaucoup de personnes auroient

été de son avis : mais il ne peut en être de même lorsqu'il applique cette exclamation de l'ignorance et de la superstition, indigne du dictionnaire d'un physicien, à l'obéissance de la main ou du bras de ses cataleptiques, aux directions de sa volonté ; car ce phénomène, admirable sans doute, et même étonnant, la première fois qu'on le provoque ou qu'on en est témoin, n'est pas plus prodigieux que l'obéissance d'une aiguille de boussole à la clef qui en module les mouvemens.

Que conclure donc du livre et des observations de M. le docteur Pétetin ? c'est que de tout temps les hommes en société, partagés en deux classes, savoir d'une part, les doctes et les érudits (qui toujours et constamment se refusent à croire ce qu'ils ne peuvent expliquer ni comprendre), et d'autre part, les incapables et les indifférens (qui croient sans examen tout ce qu'écrivent ou disent ceux qui prennent pour eux la peine de penser) ont toujours été, et sont constamment esclaves de leurs préventions, ou dupes de leur ignorance. Toutes les fois donc qu'une vérité vient à paroître au milieu

d'eux, trop simple, et par conséquent trop
inexplicable pour être appréciée par les uns,
trop étonnante ou trop effrayante peut-être
pour les autres, tous se réunissent mutuelle-
ment pour l'enfouir ou la repousser : cependant le temps, qui toujours et lentement opère
son œuvre nécessaire, en fait tôt ou tard éclore
la victorieuse manifestation ; mais les généra-
tions ont passé, les amours-propres ont
changé d'objets, les rivalités se sont éteintes,
rien ne s'oppose plus à son admission ; mais,
je le répète, cette reconnoissance est et sera
toujours le fruit du temps, et jamais, parmi
les hommes, le résultat de l'impartial et sage
aperçu de leur intelligence.

Sans chercher d'exemples d'oppositions à des
vérités incontestables, au-delà de la sphère
médicale où me restreint actuellement le livre
de M. Pétetin, voyez toutes celles qu'ont
éprouvées la circulation du sang, la découverte
de l'inoculation, et de nos jours encore, celle
de la bienfaisante et neutralisante vaccine ; et
remarquez surtout, à l'égard de cette dernière
découverte, la plus belle de toutes sans doute,

puisqu'elle est la plus utile à l'humanité, que
sa manifestation n'a été le fruit ni de la science,
ni du raisonnement, mais bien celui de l'observation tranquille d'un effet naturel et salutaire, éprouvé depuis long-temps par l'igno-
gnance, et que c'est, sans le comprendre ni le
pouvoir expliquer, que l'art aujourd'hui le
provoque avec autant de sûreté que d'efficacité.

Eh bien ! il en sera de même un jour de
l'*électricité animale* de M. Pétetin, du *magnétisme animal* de M. Mesmer, et de ce que,
pour les accorder, je désignerai du nom de
l'*électro-magnétisme* de l'homme. Après bien
des tâtonnemens, des illusions, des systêmes
de toutes les espèces, et des raisonnemens de
toutes les couleurs, tant pour prouver que
pour combattre les effets de cette humaine
faculté ; un jour, dis-je, on en fera l'application, sans élever le moindre doute, tant sur
sa réalité que sur son efficacité. Un jour enfin,
il sera reçu parmi les hommes, après cinq ou
six mille ans de leur existence chronologique
sur la terre, qu'il est un fluide, ou plutôt un
agent conservateur de leur existence et de leur

santé, dont ils peuvent tous, étant mûs par
une active sensibilité, porter l'action, et diriger l'influence sur leurs semblables, par le
seul acte de leur volonté.

Ils ne croiront point à la possibilité de l'expliquer, ce phénomène, plus qu'ils ne s'expli-
quent aujourd'hui l'existence et la succession
de tout ce qui a vie dans l'univers, parce que
de même, après cinq mille ans d'inutiles recherches sur la nature et l'essence des choses,
leur raison éclairée leur dira que de même
qu'une rivière ne remonte point à sa source,
ni qu'un effet ne peut produire sa cause, l'être
compris ne peut se comprendre ; mais après
avoir reconnu des bornes aux combinaisons de
leur intelligence, lorsque l'expérience leur donnera la certitude qu'il n'en est point à l'exten-
sion de leur-pensée, c'est alors que sachant
mieux apprécier leur existence, ils pourront
jouir pleinement du ressort et de la puissance
de toutes leurs facultés.

*Ces Mémoires, que j'eus, dans le temps
qu'ils parurent, le plaisir et la possibilité*

d'offrir à toutes les personnes qui s'occu-
poient du magnétisme, seront aujourd'hui
vendus, ainsi que la réimpression de mes
Mémoires de 1807, chez CELLOT, Impri-
meur, rue des Grands-Augustins, n°. 9,
et chez L'AUTEUR, rue Saint-Honoré,
n°. 390.

M.

J'ai l'honneur de vous envoyer tous les détails et les résultats des expériences que j'ai eu la satisfaction d'opérer chez moi par le moyen du Magnétisme animal, dont nous devons la connoissance à M. Mesmer. Je crois qu'il n'est pas temps encore de publier les faits dont j'ai été témoin : on auroit de la peine à les croire, malgré la quantité de témoignages qui y sont joints ; je vous prie donc, Monsieur, de ne prêter ces Mémoires à personne ; ce n'est qu'à vous seul que je les confie, pour servir à vos réflexions et vous faciliter les moyens de réussir, encore mieux que je ne l'ai fait, dans vos tentatives magnétiques.

Jusqu'à ce que cinquante Magnétiseurs, au moins, soient arrivés au point de pouvoir répéter avec succès les expériences qu'ils citeront, l'on ne doit point s'attendre à persuader les gens raisonnables et de bonne

*foi, encore moins la multitude. A l'intérêt
du Magnétisme animal se joint donc mon
intérêt particulier : dans la circonstance
présente, je serois compromis par la publicité prématurée des expériences que j'ai
faites, puisque je ne pourrois voir sans
amertume des gens douter de ma véracité.
Je puis m'engager à convaincre mes amis ;
mais ma tâche ne s'étend pas jusqu'au
public.*

*La confiance que je mets en vous, Mon-
sieur, ne me laisse point de doutes sur
l'usage discret que vous ferez de mon en-
voi. Je ne puis mieux vous prouver l'estime
que je vous porte, et l'amitié avec laquelle
j'ai l'honneur d'être,*

M.

*Votre très-humble et très-
obéissant serviteur,*

L. M. DE PUYSÉGUR.

Paris, ce 28 décembre 1784.

AVANT-PROPOS.

Après l'improbation que deux corps savans et respectables ont donnée à la découverte de M. Mesmer ; après qu'ils ont décidé que les effets qui s'opéroient par le moyen qu'il a indiqué, n'étoient dus qu'à *l'imagination* des esprits foibles, ou à *l'imitation*, ou bien à la pression douloureuse qu'on peut exercer sur certaines parties du corps ; je sens tout le ridicule momentané qu'a dû me donner une décision aussi importante, moi qui ai signé, un des premiers, ma conviction intime aux effets réels du magnétisme animal. Il faut que je sois un visionnaire, ce qui seroit possible ; ou que ces messieurs se trompent, ce qui est aussi très-possible. Ce procès est déjà jugé. J'entends les plus indulgens, dire : On peut être un fort galant homme, et s'enthousiasmer pour une chimère ; j'entends mes amis me plaindre véritablement de donner dans une erreur démontrée ; et ceux dont je ne suis point connu, me donner un ridicule. Il faut avoir raison pour rentrer en grâce avec tout le monde ; car, en supposant même que je me sois trompé et que j'en convienne, le ridicule ne s'effaceroit pas, et c'est, pour l'agrément de la vie, ce que je connois de plus à redouter. *Il s'est donné un ridicule*, dans la bouche d'une belle dame, a fait souvent plus de tort que les imputations les plus graves. On conclut qu'un homme qui s'est donné un ridicule, manque de jugement, de conduite, de tact, d'usage du monde ; et il faut convenir que c'est presque toujours vrai. Je fais donc mon procès, si je me suis trompé sur le Magnétisme animal , et j'adopte pour moi toutes les interprétations que j'ai données au *ridicule* : mais je demande quelque temps pour être jugé en dernier ressort. Puissé-je, en attendant, par les pièces suivantes, éclairer ceux qui voudront me juger, et donner l'espérance à l'humanité souffrante, de voir un jour un terme à beaucoup de ses maux, dans l'établissement de la doctrine du *magnétisme animal.*

MÉMOIRES

Pour servir à l'Histoire et à l'Établissement

DU MAGNÉTISME ANIMAL.

En plaidant la cause du magnétisme animal, je ne puis que plaider celle de son célèbre inventeur. En essayant de donner quelques notions sur la cause qui me fait agir, M. *Mesmer* ne verra, j'espère en moi, que le zèle ardent qui m'anime pour sa gloire. C'est à lui seul que je dois mes foibles lumières et mes heureux essais. Puissent mes efforts accélérer le triomphe qui lui est dû !

Je ne prétends pas donner la théorie du *magnétisme animal*, ni entrer dans aucunes discussions sur son analogie avec tout le système du monde : M. Mesmer seul peut entreprendre une si grande tâche. Celle que je m'impose est, tout simplement, de dire comment je m'y prends pour guérir des maladies, et comment se produisent sur beaucoup de malades les effets aussi surprenans qu'inattendus dont on peut avoir entendu parler.

Je n'ose me flatter d'être assez éclairé pour ne jamais me tromper dans l'exposé théorique que je vais faire ; mais autant on aura droit de discuter, et peut-être même de réfuter une partie des assertions que j'y établis, autant on devra croire *à la lettre* les détails et les résultats des cures qui se sont opérées, cette dernière partie étant une chose de fait dont je CERTIFIE LA VÉRITÉ.

Je crois qu'il existe un fluide universel, vivifiant toute la nature ; que ce n'est point une ancienne erreur, mais une ancienne vérité, que l'ignorance a toujours rejetée. Je crois que ce fluide, sur la terre, est continuellement en mouvement, et que c'est une vérité non moins ancienne et non moins démontrée aujourd'hui. La seule idée presque palpable que nous ayons eue du mouvement de ce fluide jusqu'à présent, est celle que l'électricité nous a donnée.

Le magnétisme minéral avoit encore dû auparavant nous en donner une idée moins palpable, mais plus sûre ; car comment, sans mouvement, un corps quelconque, une aiguille aimantée peut-elle s'agiter et se mouvoir ?

Je crois que *les médecins*, en s'emparant de ces deux découvertes pour les appliquer au soulagement des malades, ont prouvé par-là l'ignorance où ils étoient de la cause de ces phénomènes.

Le magnétisme animal, en donnant aujourd'hui la dernière preuve d'un fluide universel et toujours en mouvement, vient offrir à l'humanité un moyen assuré de la guérir de la plupart de ses maux.

En admettant comme incontestable l'existence d'un fluide universel répandu dans l'espace, je vois d'abord dans le mouvement de rotation imprimé aux astres, le phénomène en grand de nos globes électriques.

Je vois la *terre*, ainsi que tous les autres corps célestes, tourner continuellement au milieu d'un fluide dans lequel elle est plongée, et, par cette rotation continuelle, acquérir un mouvement analogue au mouvement électrique. Comme aucune *pointe* ne vient soutirer ce mouvement ainsi accumulé, il en résulte qu'elle en demeure continuellement saturée et surchargée. C'est un effet de ce mouvement non modifié dans le fluide universel, que nous obtenons par le secours de nos machines électriques. C'est ce même effet, diversement modifié et si généralement répandu, qui fait que nous en reconnoissons l'existence partout ; et si les corps *bitumineux et vitrifiés* en donnent des apparences plus sensibles, ce n'est qu'en raison d'un excédent de mouvement qui adhère à leur surface plus ou moins, et s'étend comme une atmosphère autour d'eux. Pour abréger les phrases, je me servirai dorénavant du mot *électricité*, au lieu de mouvement dans le fluide, tout le monde, je crois, étant à présent d'accord sur les phénomènes électriques, pour les considérer comme l'effet d'un mouvement, et non comme une circulation de fluide.

Tous les corps sont donc *saturés*, à leur manière, du fluide que nous nommons électrique; c'est une vérité qui dérive nécessairement de l'existence du fluide universel. Pourquoi tous les corps sont-ils bons, les uns pour transmettre le fluide électrique par communication, et les autres par le frottement? et pourquoi ces derniers isolent-ils les corps qui s'électrisent par communication? La réponse en vient tout naturellement, de ce que les uns, tels que les substances *soyeuses*, *les bitumes*, et surtout le *verre*, ayant un excédent de fluide, ou, pour mieux dire, une saturation complète d'électricité, n'en peuvent plus recevoir.

Je dis plus, l'électricité du verre qui sert d'isoloir, n'est pas la même qui se manifeste

sur le conducteur ; car la première est l'électricité déjà modifiée par les filières du verre ;
tandis que celle du conducteur est l'électricité
à nu , telle que la nature la reçoit pour servir
de dépôt général à tout ce qui existe.

Cette électricité ne peut être bonne à rien (1),
LA NATURE , ou DIEU seul , s'étant réservé le
travail des modifications ; ce qui constitue les
différentes espèces. *Modifier* du fluide universel , seroit *créer ;* et toute créature ne peut
raisonnablement s'en croire susceptible.

Plus nous remonterons aux causes premières,
et plus nous apercevrons des bornes et les li-
mites de notre humaine intelligence. Vouloir
aller au-delà , seroit folie : saisis d'un respect
profond, adorons donc , de tout notre pouvoir ,
ce que , ne pouvant apprécier , nous devons
reconnoître.

Étendons-nous , s'il est possible , par la
pensée ; elle seule franchit l'espace , et que LE
FLUIDE UNIVERSEL serve de conducteur à nos
hommages et à notre profonde vénération.

D'après cet aperçu , l'homme , ainsi que tout
ce qui existe, se trouve aussi *saturé* à sa manière du fluide universel , et peut être considéré
comme une *machine électrique animale* , la
plus parfaite qui existe , puisque sa pensée,

qui règle toutes ses actions, peut le conduire jusqu'à l'infini.

Mais arrêtons-nous à la nature purement physique de l'homme. Ne savons-nous pas que nous partageons avec tout ce qui existe la propriété d'être réduits en *cendres*, et de là *en verre* ? Plusieurs chimistes habiles, M. Sage surtout, a obtenu avec de la cendre des *os*, du VERRE d'une superbe transparence. Nos nerfs ont offert à un physicien célèbre, M. le Dru, une analogie parfaite avec le verre. M. Charles, dans son *excellent* discours à l'ouverture de ses cours de physique, reconnoît un esprit vivifiant toute la nature, et qui ne se perd jamais. Le phosphore que l'on retire des substances animales, et qui est le corps de la nature qui contient le plus de fluide universel, est connu depuis long-temps. Toutes ces données sont senties et démontrées ; il n'y a qu'un pas à faire pour en asseoir les applications que les savans pourront développer avec succès.

Si l'homme est véritablement *une machine électrique parfaite*, nous devons croire qu'elle embrasse les propriétés *positives* et *négatives*. Nous venons de voir M. Nairne en exécuter une artificielle, qui est munie de ces deux avantages : l'ouvrage le plus parfait de la nature en ce genre , les a donc aussi nécessairement au suprême degré.

Par tout ce que je viens de dire , on peut conclure que l'homme n'a besoin d'aucun accessoire pour agir sur ses semblables d'une manière salutaire , et que notre *électricité animale* tend toujours à se porter où notre volonté la dirige.

De même que dans l'électricité artificielle , nos pointes, qui sont nos doigts, suffisent pour soutirer le *trop plein* du fluide qui s'en rencontre dans certains malades , et la *main entière* pour en porter où il en manque ; qu'on ne croie cependant pas qu'il faille une régularité minutieuse dans ses gestes pour opérer avec succès sur ses semblables.

Notre organisation électrique est si parfaite , qu'avec le secours seul de LA VOLONTÉ (2) , on peut opérer des phénomènes qui , quoique très-physiques , ont l'air de tenir du miracle. Il sembleroit que nos organes extérieurs n'ont été donnés par Dieu , que pour servir d'instrumens aux paresseux , afin de leur permettre de jouir , ainsi que les autres , de tout le bonheur dont ils sont susceptibles. L'expérience en effet , prouvera que tous les hommes ne réussiront pas également dans la SCIENCE du magnétisme, et n'opéreront pas les mêmes phénomènes. Cela dépendra beaucoup de leur constitution et du travail qu'ils auront fait sur eux-mêmes ; mais comme, à la rigueur, on peut dire que nous ne pouvons agir que d'après nos facultés, et que nos facultés nous sont données par la nature sans notre participation ; il s'ensuit que l'homme qui magnétisera avec le plus de succès, ne devra jamais en tirer vanité sur celui qui, n'ayant pas autant de pouvoir que lui, magnétisera pourtant de son mieux. Une même base viendra lier les hommes ; ce sera le désir de faire du bien, chacun suivant toute son énergie ; et de-là naîtra l'indulgence parmi eux, vertu sans laquelle leur bonheur ne peut exister. Je le disois ce printemps, devant plusieurs élèves de M. Mesmer : Nous ne serons jamais que des *tourneurs de manivelle* ; c'est M. Mesmer qui nous l'a mise à la main ; celui qui aura le *meilleur bras*, la tournera le plus vîte.

M. Mesmer seul pourroit tirer vanité du bonheur du monde, si le vrai génie étoit susceptible de *vanité*.

Le fond du *baquet* de M. Mesmer est composé de bouteilles arrangées entr'elles d'une manière particulière. Au-dessus de ces bouteilles, on met de l'eau jusqu'à une certaine hauteur ; des baguettes de fer , dont une extrémité touche à l'eau , sortent de ce baquet ; et l'autre extrémité, terminée en pointe, s'applique sur les malades. Une corde , en communication avec le réservoir magnétique et le réservoir commun , lie tous les malades les uns aux autres ; ce qui , s'il existe une circulation de fluide ou de mouvement , sert à établir l'équilibre entr'eux.

Mais quel est, dira-t-on, le mouvement qui peut alors circuler dans les malades? Voici l'explication qu'il me semble que M. Mesmer donne de cet effet , et qui est conforme à ses procédés.

On touche chacune des bouteilles qui entrent dans le réservoir magnétique , et on leur communique par-là une impulsion électrique animale : on charge de même l'eau qui recouvre les bouteilles , et, par cette opération , l'on détermine les courans de mouvemens à se porter vers les pointes ressortantes.

Si l'on veut , au moyen d'une baguette de fer terminée en pointe dans le milieu du baquet , qu'on peut *toucher* de temps en temps , ou d'un rechargement qu'on peut opérer à volonté, on entretient ce mouvement dans la direction donnée (*) ; et par l'intermède de la corde qui sert à lier tous les malades entr'eux , il arrive, comme je l'ai dit plus haut , un combat dans chaque individu pour le rétablissement de l'équilibre , du fluide ou mouvement électrique animal.

On resteroit cependant bien du temps autour d'un réservoir magnétique ainsi préparé , que l'on n'en éprouveroit aucun effet sensible , à moins d'avoir une susceptibilité singulière dans les nerfs , ou que l'imagination , portée vers la crainte ou l'espérance au suprême degré , ne produisit des sensations passagères , et souvent imaginaires , aux individus foibles qui y mettoient leur confiance.

Mais M. Mesmer fait faire ce qu'il appelle la chaîne à ses malades , et il en occupe un chaînon. Qu'arrive-t-il alors? C'est que le fluide

____

(*) Le mouvement une fois imprimé et déterminé vers les pointes ressortantes , on sent qu'il n'est pas besoin dans la journée d'un rechargement nouveau de la part du magnétiseur , puisque l'action que reçoivent les malades étant aussitôt réagie par eux , cet effet alternatif doit se continuer tant que le réservoir magnétique est entouré.

animal, mis de nouveau en action par le maître, circulant à son tour et réagissant sur le mouvement déjà imprimé au réservoir magnétique, il en résulte un plus grand effet de mouvement dans chaque individu ; et ce combat de l'électricité animale pour se mettre en équilibre, peut produire des effets sensibles, et quelquefois l'état *de crise magnétique*.

Le baquet, sans l'aide d'un magnétiseur, ne doit donc être regardé que comme un accessoire du traitement magnétique, puisque son effet, fort secondaire, est plutôt d'entretenir un mouvement déjà imprimé, que d'en communiquer un par lui-même. Autant un individu, déjà remué par l'agent de la NATURE, est dans le cas d'en ressentir des influences salutaires, autant un nouveau malade est souvent éloigné d'y éprouver le plus léger effet.

Mais sitôt que la *chaîne* commence, il n'y a plus d'imagination qui tienne ; elle a beau faire pour ou contre, elle ne peut pas plus empêcher l'électricité animale de chercher à se mettre en équilibre, que nous ne pouvons empêcher l'électricité artificielle de s'étendre également sur un conducteur quelconque.

Il arrive cependant rarement que la première fois qu'un malade fait la chaîne, l'état de *crise* s'ensuive. Cela vient sans doute de ce que le mouvement animal, dans sa circulation rapide et douce en même temps, glisse au premier moment sur les obstacles, comme fait et feroit toujours l'électricité artificielle. Ce n'est que plus ou moins lentement que le premier, par son analogie directe avec notre systême, finit par agir victorieusement.

Pour faciliter donc, d'une manière plus prompte, la circulation de la partie du fluide universel qui nous est propre, autrement dit l'électricité animale, sur un nouveau malade, il faut que M. Mesmer le TOUCHE. Alors, en raison du pouvoir que la nature a donné à tous les hommes, et que lui, par son travail sur lui-même, a si bien perfectionné, il communique une impulsion réelle et plus directe au fluide animal, et opère d'autant plus d'effets sur le sujet qu'il touche, que celui-ci a de disposition à être guéri promptement. Cette opération préliminaire est nécessaire, par le premier effort que cela occasionne sur la cause du mal, et pour mieux préparer les voies dans le traitement général.

Lors donc que l'on *touche* un malade en *disposition prompte* de guérir, le fluide animal n'est pas long-temps sans joindre son effort à celui de la nature ; et souvent, *dès la première fois*, on lui occasionne une crise, laquelle, d'après les phénomènes qu'elle présente, doit s'appeler crise *magnétique*. C'est alors qu'on voit la preuve de la similitude exacte qu'il y a entre l'électricité et le magnétisme : des effets analogues à l'électricité artificielle, on passe à ceux analogues au magnétisme minéral ; et le tout, au moyen de la seule petite partie de mouvement dont nous soyons maîtres, j'entends celle qui se modifie par nos organes.

M. Thouvenel, en expliquant les phénomènes très-naturels du sourcier Bléton (phénomènes qu'on se refuse à croire avec autant de tort et d'acharnement que ceux du magnétisme animal) (3), donne la dénomination de fluide électrique *nerveux* à la cause qui fait agir le *sourcier*. Cette qualification est très-bonne, d'après la manière reçue de s'entendre, et doit être synonyme avec celle de fluide électrique animal, à moins qu'on ne trouve celle-ci meilleure, comme étant moins particularisée : mais il est inutile de s'embarrasser ici de cet objet. Que l'académie des sciences adopte seulement l'existence du mouvement continuel dans un fluide universel, et l'académie française ne tardera pas à classer et dénommer la petite partie qui nous concerne.

Avant de faire aucune application des principes que je viens d'exposer, aux différentes maladies que j'ai eu occasion de traiter, je dois encore dire, à la gloire de M. Thouvenel, qu'après M. Mesmer, je ne sais personne qui, par ses recherches et ses écrits, ait donné plus de lumière sur l'existence et les effets du mouvement général : son courage à défendre la cause de Bléton, ou, pour mieux dire, de LA NATURE manifestée par lui, annonce un caractère ferme et estimable ; et l'on ne peut rien de plus satisfaisant sur la similitude des effets électriques et magnétiques, que ses mémoires physiques et médicaux.

M. Cloquet, receveur des gabelles à Soissons, étant venu, comme beaucoup d'autres curieux, examiner les effets surprenans du magnétisme qui s'opéroient chez moi, autour d'un *arbre*, sur plus de deux cents malades, a écrit, ce printemps, une lettre dans laquelle il a rendu compte de ce qu'il avoit vu. J'ai consenti à la publication de cette lettre, espérant que le public, surpris des détails qu'elle contient, en rechercheroit avec plus d'empressement la vérité. L'effet n'a point répondu à mon attente ; on a lu cette lettre comme on auroit fait un conte de fée : il y a même eu jusqu'à des partisans zélés du magnétisme animal, qui ont écrit qu'en ajoutant foi à beaucoup d'effets surprenans du magnétisme, ils ne croyoient cependant pas pour cela tout ce que M. Cloquet racontoit des *somnambules* de Buzancy. Les faits détaillés dans cette lettre sont cependant très-vrais. Je ne connoissois pas alors M. Cloquet ; et c'étoit la force de la persuasion et la vérité qui avoient dicté son récit. Que n'y eût-il pas ajouté de plus incroyable encore, s'il eût vu alors ce dont je l'ai rendu témoin depuis !

Un petit nombre de cures, précédées de crises magnétiques, suffiront pour donner l'explication de la théorie que j'ai adoptée : d'après elle, on en pourra conclure la multiplicité de scènes dont j'ai été témoin, et dont les variétés ont suivi celle des tempéramens et des maladies des individus que j'ai eu à traiter.

Le printemps passé, mon traitement se faisoit autour d'*un arbre* : le mouvement végétal alors venant prêter une force de plus à l'*électricité animale*, il résultoit de cette action combinée sur les individus qui y étoient soumis, des effets plus analogues encore à notre systême , que ceux qui s'obtiennent ordinairement dans les traitemens magnétiques ordinaires. Aussi, tous les effets et tout le résultat étoient-ils plus doux et plus satisfaisans que dans aucuns traitemens précédens : *aucunes convulsions ;* ou , s'il arrivoit qu'à la première sensation quelques malades éprouvassent quelque tremblement , il suffisoit d'un très-léger attouchement de ma part pour les en délivrer *pour toujours.*

Je ne puis m'empêcher , en parlant de mon traitement *magnético-végétal ,* de faire mention d'un savant physicien , que je ne connois que par des ouvrages et des découvertes qui lui méritent la reconnoissance et l'admiration publique , je veux dire M. *Bertholon ,* de l'académie de Montpellier , qui a si bien traité de l'électricité des végétaux , et nous a fourni des procédés si ingénieux pour retirer de l'air *déphlogistiqué* de la transpiration des feuilles fraîches exposées au soleil. S'il avoit fait un pas de plus (*) , il auroit vu que cet air *dé-*

(*) Je crois que , même sans le secours du magnétisme animal , il doit être sain de se rassembler l'été sous l'ombrage d'un bel arbre , bien exposé aux rayons du soleil.

phlogistiqué étoit précisément cette partie du *fluide universel* modifié dans les végétaux pour former et entretenir leur organisation ; et que c'étoit là la seule cause de l'effet salutaire qu'il apercevoit, avec tant de justesse, résulter de leur communication avec les animaux (4).

Avant M. *Bertholon*, MM. *Priestley* et *Ingen-Housz* avoient fait de grandes découvertes en physique.

La connoissance des différentes espèces d'air, et surtout de l'air *déphlogistiqué*, étoit le fruit de leurs travaux. En reconnoissant que cet air *déphlogistiqué* étoit le principe de l'air respirable, que les eaux qui en contenoient le plus étoient les plus salubres, que sans cet air il n'y auroit ni *combustion*, ni *chaleur*, ni *végétation*, ni *vie* enfin dans la nature ; comment se fait-il qu'ils n'en aient pas conclu qu'il y avoit un fluide universel ? Avec un peu moins d'amour-propre, des hommes d'autant de génie n'auroient pu s'empêcher de reconnoître que M. Mesmer leur donnoit la vraie cause de tous les effets qu'ils avoient si justement et si affirmativement reconnus. Oui, n'en doutons pas, c'est l'amour-propre seul qui cause toutes nos erreurs ; lui seul est la source de la prévention, qui ne devroit jamais exister parmi les hommes ; car ce sentiment est aussi contraire à la raison qu'au bonheur.

Enfin , comment tous les chimistes n'ont-ils pas aperçu ce fluide universel dans cet acide phosphorique , ce phlogistique si nécessaire à admettre , quoiqu'impalpable , et sans lequel le règne minéral n'existeroit pas ? La révivification des métaux par le phosphore , expérience superbe que l'on doit à M. de Bullion , est peut-être , dans le règne minéral , le *nec plus ultra* de la puissance humaine : à moins de créer , on ne peut imaginer rien de plus beau , puisque c'est emprunter du fluide universel au règne animal , pour le porter au règne minéral. Cette seule expérience prouve , mieux que tous les effets magnétiques , l'existence du fluide universel (5).

En admettant un mouvement continuel dans un fluide universel remplissant l'espace , quel jour vient nous éclairer ! Les noms *d'air déphlogistiqué , d'acide igné , d'acide phosphorique , de phlogistique , d'électricité , de magnétisme* enfin , n'indiqueront plus que des modifications de mouvement ; et forcés de reconnoître en nous celle qui nous est propre , nous allons jouir paisiblement de tous les avantages que cette connoissance nous procure.

Traitement d'une fluxion de poitrine.

CE traitement est le premier que j'aye entrepris ; je puis même dire que c'est à lui à qui je dois, non pas tout à fait ma croyance aux effets du magnétisme animal , mais la confiance dans mes moyens. Le hasard a fait que le malade dont je vais parler est tombé entre mes bras, au bout de cinq minutes, dans l'état de *somnambulisme* le plus parfait , et tel que jamais je n'en avois vu. J'écrivis dans le temps à ce sujet deux lettres à la société formée par M. Mesmer , que je vais rapporter. J'étois exalté au dernier point , et singulièrement glorieux de tout mon pouvoir : je n'imaginois pas alors que la cause en fût si simple ; et, sans un retour sur moi-même , qui me faisoit bien voir que j'étois loin de la perfection , j'eusse été tenté , en réfléchissant à tout ce que je faisois de *surnaturel* , de me croire favorisé du ciel. Je ne me suis éclairé depuis, qu'aux dépens de mon amour-propre ; et ce ne pourra être sans le même sacrifice , que toutes les

académies de l'Europe s'empresseront à rendre
à M. Mesmer la justice qui lui est due.

*Au château de Buzancy près Soissons,
ce 8 mai 1784.*

« Je ne puis tenir, Monsieur, au plaisir
de vous faire part des expériences dont je m'occupe dans ma terre. Je suis d'ailleurs si agité
moi-même, je puis même dire si exalté, que
je sens qu'il me faut du relâche, du repos ;
et j'espère le trouver en écrivant à quelqu'un
qui puisse m'entendre. Lorsque je blâmois
l'enthousiasme du père Hervier, que j'étois
loin encore d'en connoître la cause ! Aujour-
d'hui je ne l'approuve pas davantage, mais
je l'excuse. Plus de feu, plus de chaleur dans
l'imagination que je n'en ai, peut-être, l'auront maîtrisé ; et d'ailleurs l'expérience de personne, avant lui, ne le pouvoit retenir. Puissé-
je contribuer, ainsi que ceux qui comme moi
s'occuperont du magnétisme animal, à ramener
la tranquillité dans l'esprit de tous les témoins
de nos singulières expériences, et cela par
notre propre tranquillité ! Contentons-nous,
faisons, à l'exemple de M. Mesmer, des efforts sur nous-mêmes ; et certes il en faut

beaucoup, pour ne pas s'exalter au dernier point, en voyant tous les effets *surprenans et salutaires*, qu'un homme, *avec le cœur droit et l'amour du bien*, peut opérer par le magnétisme animal. J'entre donc en matière, et j'en suis bien pressé.

» Après dix jours de *tranquillité* dans ma terre, sans m'occuper d'autres choses que de mon repos et de mes jardins, j'eus occasion d'entrer chez mon régisseur. Sa fille souffroit d'un grand mal de dents. Je lui demandai en plaisantant si elle vouloit être guérie : elle y consentit, comme vous pouvez le croire. Je ne l'eus pas magnétisée *dix minutes*, que ses douleurs furent entièrement calmées ; elle ne s'en ressent pas depuis.

» La femme de mon garde fut guérie le lendemain du même mal, et en aussi peu de temps.

» Ces foibles succès me firent essayer d'être utile à un paysan, homme de vingt-trois ans, *alité* depuis quatre jours, par l'effet d'une fluxion de poitrine : j'allai donc le voir, c'étoit mardi passé, 4 de ce mois, à huit heures du soir ; la fièvre venoit de s'affoiblir. Après l'avoir fait lever, je le magnétisai. Quelle fut ma surprise de voir, au bout d'un demi-quart d'heure, cet homme *s'endormir* paisiblement dans mes bras, sans convulsions ni douleurs ! je poussai la crise ; ce qui lui occasionna des vertiges : il parloit, s'occupoit tout haut de ses affaires. Lorsque je jugeois ses idées devoir l'affecter d'une manière désagréable, je les arrêtois et cherchois à lui en inspirer de plus gaies ; il ne me falloit pas pour cela faire de grands efforts : alors je le voyois content, imaginant tirer à un prix, danser à une fête, etc.... *Je nourrissois en lui ces idées*, et par-là je le *forçois* à se donner beaucoup de mouvement sur sa chaise, comme pour danser sur un air, qu'en chantant (*mentalement*) je lui faisois répéter tout haut ; par ce moyen, j'occasionnai dès ce jour-là au malade *une sueur* abondante. Après une heure de crise, *je l'appaisai* et sortis de la chambre. On lui donna à boire, et lui ayant fait porter du pain et du bouillon, je lui fis manger dès le soir même une soupe ; ce qu'il n'avoit pu faire depuis cinq jours : toute la nuit il ne fit qu'un somme ; et le lendemain, ne se souvenant plus de ma visite du soir, il m'apprit le meilleur état de sa santé, etc.... Je lui ai donné *deux crises* mercredi, et jeudi j'ai eu la satisfaction de ne lui voir le matin qu'un léger frisson ; chaque jour j'ai fait mettre les pieds dans l'eau au malade, l'espace de trois heures, et lui ai donné *deux crises* par jour. Aujourd'hui samedi, la frisson a été encore moins long qu'à l'ordinaire ; son appétit se soutient ; ses nuits sont bonnes, enfin j'ai la satisfaction de le voir dans un mieux sensible, et j'espère que d'ici à trois jours il reprendra ses ouvrages accoutumés.

» Le bien que j'ai opéré sur ce malade, a enhardi plusieurs paysans à venir me consulter. Une femme de vingt-quatre ans, souffrant dans le bas-ventre depuis quatorze mois, après une couche difficile, a éprouvé en moins de *six minutes* un spasme sans convulsions ni marques de douleurs apparentes ; seulement, à l'approche de ma main sur la partie souffrante, je lui voyois éprouver un léger frémissement : voilà déjà deux fois que je lui fais ressentir les mêmes effets, dont les suites ne lui laissent ni foiblesses, ni souvenir fâcheux.

» Un autre jeune homme de dix-sept ans s'est trouvé tourmenté avant-hier par une fièvre très-forte, avec un mal de tête violent : j'ai été le magnétiser sur-le-champ ; je n'ai pu lui procurer aucun soulagement de toute la journée ; quoique j'y aye fait mes efforts le matin et le soir : hier matin j'ai un peu appaisé son mal de tête ; mais sitôt que je l'ai eu quitté, il lui a repris ; enfin hier au soir je suis parvenu à lui procurer un sommeil paisible ; la nuit n'a cependant pas été bonne ; ce matin j'ai produit sur lui le même effet salutaire, mais il faudroit que je ne le quittasse pas ; car son mal de tête recommence avec son réveil, sitôt que je le quitte.

» Afin donc de pouvoir opérer sur tous ces pauvres gens un effet plus continuel, et en même temps ne pas m'épuiser de fatigues, j'ai pris le parti de *magnétiser un arbre*, d'après les procédés que nous a indiqués M. Mesmer ; et après y avoir attaché une corde, j'ai essayé sa vertu sur mes malades : ce n'est qu'hier au soir que j'ai fait ma première expérience ; j'y ai fait venir mon premier malade : sitôt qu'il a eu mis la corde autour de lui, il a regardé l'ARBRE, et a dit pour toute parole, avec un air d'étonnement qu'on ne peut rendre : — *Qu'est-ce que je vois là ?* Ensuite sa tête s'est baissée, et il est entré en somnambulisme parfait. Au bout d'une heure, je l'ai ramené dans sa maison, *où je lui ai rendu l'usage de ses sens.* Plusieurs hommes et femmes sont venus lui dire ce qu'il avoit fait ; il leur soutient que cela n'est pas vrai ; que , foible comme il est , pouvant à peine marcher dans sa chambre , il lui seroit bien impossible de descendre son escalier et d'aller à l'arbre de la fontaine. Je fais taire les questionneurs, autant qu'il m'est possible, pour ne pas fatiguer sa tête. Aujourd'hui j'ai répété sur lui la même expérience avec le même succès.

» Une fille de vingt-six ans , des environs , ayant avec la fièvre depuis neuf mois, des maux de reins, d'estomac et de tête continuels , est venue , avec toute la dévotion possible , me trouver chez mon malade ; je l'ai envoyée à mon arbre ; j'ai fait la chaîne avec tous deux ; elle s'est trouvée soulagée singulièrement de tous ses maux , à la fièvre près , etc. . . . Je vous l'avoue , Monsieur , la tête me tourne de plaisir , en voyant le bien que je fais. Madame de P***, la compagnie qu'elle a chez elle, mes gens, tout ce qui m'entoure ici, éprouvent un saisissement mêlé d'admiration , qu'il est impossible de rendre , et je vous avouerai encore que je crois qu'ils n'éprouvent que la moitié de mes sensations. Sans *mon arbre* qui me repose et qui va me reposer encore davantage , je serois dans une agitation contraire ,

je crois, à *l'harmonie* de ma santé ; j'existe
TROP, s'il est possible de se servir de cette
expression ».

Partie d'une lettre écrite à mon frère.

De Buzancy, le 17 mai 1784.

« Si vous n'arrivez pas ici, mon cher ami,
avant dimanche, vous ne verrez plus mon
homme si extraordinaire, car sa santé est rétablie presqu'entièrement : il vaque à tous ses
ouvrages ; il m'a dit cependant lui-même, *étant
en crise*, qu'il avoit encore besoin d'être
touché, et m'a indiqué les jours ; c'est pour
jeudi, samedi et lundi, la dernière fois, où il
m'a prévenu que j'aurois beaucoup de difficulté à en venir à bout, mais qu'il le falloit
absolument.

» Je continue de faire usage de l'heureux
pouvoir que je tiens de M. Mesmer, et je le
bénis tous les jours ; car je suis bien utile, et
j'opère bien des effets salutaires sur tous les
malades des environs ; ils affluent autour de
mon arbre, il y en avoit ce matin plus de
CENT TRENTE. C'est une procession perpétuelle
dans le pays ; j'y passe deux heures tous les
matins : mon arbre est le meilleur *baquet* possible ; il n'y a pas une feuille qui ne commu-

nique de la santé ; chacun y éprouve, plus ou moins, de bons effets ; vous serez charmé de voir le tableau d'humanité que cela représente. Je n'ai qu'un regret, c'est de ne pouvoir pas toucher tout le monde ; mais mon homme, ou, pour mieux dire, *mon intelligence*, me tranquillise ; il m'apprend la conduite que je dois tenir : suivant lui, il n'est pas nécessaire que je touche tout le monde ; *un regard, un geste, une VOLONTÉ*, c'en est assez ; et c'est un paysan, le plus borné du pays, qui m'apprend cela. *Quand il est en crise*, je ne connois rien de plus *profond*, de plus *prudent* et de plus *clairvoyant* : j'en ai plusieurs autres, tant hommes que femmes, qui approchent de son état, mais aucun ne l'égale, et cela me fâche ; car *mardi* prochain, adieu mon conseil, cet homme n'aura plus besoin d'être *touché* ; et certes aucune curiosité ne m'engagera jamais à me servir de lui sans le but de sa santé et de son bien : si vous voulez le voir et l'entendre, arrivez donc au plus tard *dimanche*.

» La femme dont j'ai parlé dans ma lettre est si bien, qu'elle ne veut plus être *touchée* ; mais elle a eu cependant *une crise* aujourd'hui, parce que je ne la crois pas guérie.

» Le petit garçon a saigné une autre fois du nez ; ensuite son mal de tête revenant obstinément, je *l'ai fait saigner* ; après, mon *Victor*, mon *paysan*, l'a vu étant en crise ; il lui a ordonné un vomitif et une purgation : aujourd'hui il est bien, et la fièvre et les maux de tête n'existent plus. La fille avec la fièvre depuis douze ou quatorze mois, ne l'a plus depuis cinq jours ; elle ne vient plus que par reconnoissance pour l'arbre : c'est celle que j'ai mandé dans ma lettre à M. *Bergasse*, qui étoit venue à l'arbre le jour même de ma lettre.

» Adieu, mon cher ami, je vous invite fort à venir partager mon plaisir et mes peines : quand vous verrez toutes ces bonnes gens autour de mon arbre, leur résignation, leur courage, les bénédictions qu'ils me donnent, leur tranquillité, vous en serez sûrement charmé ».

*Autre partie d'une lettre que j'écrivois dans ce temps-là, et dont je n'eusse pas parlé, si l'expérience répétée des mêmes effets ne m'eût intimement persuadé de leur existence (c'est toujours de *Victor* que je parlois).*

« C'est avec cet homme simple, ce paysan, homme grand et robuste, âgé de vingt-trois ans, actuellement affaissé par la maladie, ou plutôt par le chagrin, et par cela même plus propre à être remué par l'agent de la nature ; c'est avec cet homme, dis-je, que je m'instruis, que je m'éclaire. Quand il est dans l'état magnétique, ce n'est plus un paysan *niais*, sachant à peine répondre une phrase, c'est un être que je ne sais pas nommer : je n'ai pas besoin de lui parler ; je pense devant lui, et il m'entend, me répond. Vient-il quelqu'un dans sa chambre ; il le voit, si *je veux* ; lui parle, lui dit les choses *que je veux* qu'il lui dise, non pas toujours telles que je les lui *dicte*, mais telles que la vérité l'exige. Quand il veut dire plus que je ne crois prudent qu'on n'en entende, alors *j'arrête ses idées*, *ses phrases* au milieu d'un mot, et je *change* son *idée* totalement. Vous jugez qu'il est impossible que cet homme ne soit pas singulièrement pénétré de reconnoissance des soins que madame de P*** et moi lui portons ; jamais il n'oseroit nous en faire part dans son état habituel ; mais sitôt qu'il est *en crise magnétique*, son cœur s'épanche ; il voudroit, dit-il, que l'on pût l'ouvrir, pour voir comme il est rempli d'amitié et de reconnoissance : nous ne pouvons retenir des larmes d'admiration et de sensibilité, en enten-

dant la voix de la nature s'exprimer avec tant
de franchise ; je me plais à le laisser sur ce cha-
pitre, parce que le sentiment qui l'anime alors
ne peut être que salutaire. Enfin, Monsieur,
pour abréger, vous saurez que cet homme a un
chagrin intérieur; ce chagrin est occasionné par
sa sœur avec laquelle il loge, qui lui conteste
une donation à lui faite par sa mère : cette
sœur est la plus méchante femme du canton;
elle le fait enrager du matin au soir. J'ai su
tous ces détails-là de lui, sans qu'il en ait le
moindre souvenir. J'ai tâché de le pénétrer de
l'idée consolante d'alléger ses peines, de voir à
ses affaires, et de les éclaircir. Ce matin, une
femme est venue chez lui, comme je le magnétisois ; je voulus qu'il sût que cette femme étoit
là, et qu'elle avoit de l'amitié pour lui. — Il
lui dit bon jour, après quoi : — « Angélique
» (lui dit-il), oserois-je vous prier de me faire
» un grand plaisir ? — Volontiers (je dis à cette
» femme de lui répondre avec autant d'exacti-
» tude que s'il eût été dans l'état ordinaire).
» — Monsieur a des bontés pour moi ; il vient
» me voir, prend soin de ma santé ; il sait sû-
» rement que j'ai bien du chagrin. — Oui, il
» le sait, et il tâchera de l'adoucir. — Ah ! que
» de bonté ! . . . C'est ma sœur qui le cause ;

» vous le savez, Angélique. — Prends patience,
» cela finira bientôt. Angélique ? — Eh bien ?
» — Je voudrois bien remettre quelque chose
» entre les mains de Monsieur : voulez - vous
» vous charger de le lui porter, car je n'oserois
» jamais prendre cette liberté - là moi - même.
» — Qu'est - ce que c'est ? — Vous trouverez
» dans mon armoire, dans tel tiroir, sous (telle
» chose qu'il lui désignoit) un gros papier plié
» de telle manière ; c'est une donation de cette
» maison-ci, que m'a faite ma mère entre-vifs,
» pour me récompenser des soins que j'ai pris
» d'elle dans sa vieillesse ». Angélique cherche
dans l'armoire, trouve un parchemin tel qu'il
l'avoit indiqué ; et le lui montrant, lui demande
si c'est là ce qu'il veut me faire donner (vous
observerez qu'il avoit toujours les yeux fermés,
ce que j'ai soin d'entretenir toujours dans les
crises, afin de ne pas fatiguer la vue) ; il répond qu'oui ; lui recommande bien le secret
vis-à-vis de sa sœur, qui sûrement auroit brûlé
ce papier si elle l'avoit su entre ses mains, et
la presse instamment de nouveau de me le
porter, etc..... Je prends cette donation des
mains de cette femme ; et je ne l'ai pas plutôt
dans ma poche, que je vois le visage de cet
homme prendre le caractère de la sérénité,

l'air de la jubilation. Je sortis quelques minutes après, avec les précautions accoutumées , et depuis , je ne lui ai pas encore dit ce qu'il avoit fait (*).

» Je ne vous ferai , Monsieur , aucunes réflexions sur le trait que vous venez de lire ; elles se présenteront en foule à votre esprit. Voilà un homme *forcé* de me donner un papier , le plus précieux effet qu'il possède ; et cela , parce que j'ai *bien et fortement désiré* trouver tous les moyens de le rendre heureux. C'est lui-même qui m'en fournit le moyen ; car vous saurez que l'acte de sa mère établit procureur de son fils le porteur même de l'acte. J'ignore si l'on *peut vouloir* le mal *aussi fortement* que le bien. — Si cela est , que n'y auroit-il pas à craindre des effets du *magnétisme animal* entre les mains des *malhonnêtes gens* (6) ?

(*) Ce n'a été que le lendemain que l'ayant trouvé plus malade que la veille , et d'une tristesse affreuse , et m'ayant dit que la cause en venoit de l'inquiétude qu'il avoit de sa donation qu'il avoit en vain cherchée dans son armoire toute la journée ; je lui appris l'usage qu'il en avoit fait : la joie qu'il eut de cette nouvelle , et deux heures passées dans l'état magnétique , le remirent entièrement dans le mieux sensible où il est.

» D'après tout ce que je viens d'avoir l'honneur de vous mander, je pense qu'il est prudent
de prendre en considération les suites de l'aventure détaillée dans ma lettre, et qu'un engagement nouveau nous oblige à n'user du grand
œuvre (car c'est celui-là seul qu'à l'avenir,
je crois, on doit nommer ainsi) qu'avec la plus
grande prudence et modération, et toujours
pour le plus grand avantage de la société. Il
n'est pas indifférent de répéter cet engagement,
et de s'obliger formellement à cela, quelque
désir que l'on puisse en avoir d'ailleurs.

» La solution de cette question; savoir si *l'on
peut vouloir aussi fortement le mal que le
bien*, ne m'a pas encore été résolue : mon inquiétude sur les suites du pouvoir qu'on acquiert par le magnétisme animal sur les individus en crises magnétiques, a été augmentée
dans ce temps par celle de toutes les personnes
instruites de l'aventure détaillée ci-dessus.
Tous les plus grands abus, me disoit-on, peuvent être la suite de cet empire que vous ac-
quérez sur vos malades. Un malhonnête homme
va donc pouvoir pénétrer des secrets, abuser
de la confiance de ses amis, et se venger im-
punément de ses ennemis. Ma seule réponse
étoit que je ne pouvois pas résoudre ce pro-

blême par moi-même ; car il m'est impossible, disois-je, de vouloir le mal et le bien en même temps : si je veux essayer de m'instruire en faisant des questions indiscrètes, mon cœur les dément nécessairement ; et je ne peux rien conclure des réponses qu'on me fait. Il a donc fallu me borner à demander aux malades (*en crise magnétique*) leur façon de penser sur cette difficulté : tous m'ont assuré conserver, dans cet état, leur *jugement* et leur *raison*, et m'ont ajouté qu'ils s'apercevroient bien vîte des *mauvaises intentions* qu'on pourroit avoir sur eux ; qu'alors leur santé en *souffriroit*, et que cela les porteroit à se *réveiller* sur-le-champ. Je n'ose pas, malgré cela, ajouter une confiance aveugle à cette solution ; et à moins d'expériences multipliées, faites par beaucoup d'autres personnes que moi, il me restera toujours de l'inquiétude sur l'abus qu'on pourra faire de la *découverte* la plus bienfaisante qui existe.

» Quoi qu'il en soit, il en seroit de ce moyen comme de la *poudre à canon*, qui, entre les mains des scélérats, sert à l'accomplissement de leurs complots, et dont on n'a rien à craindre, étant maniée par des gens prudens et honnôtes (*). Il y aura toujours, du moins, dans l'emploi du *magnétisme animal*, l'avantage de n'avoir pas à craindre la surprise : on ne peut être magnétisé *malgré soi* ; et la confiance dans un magnétiseur devra toujours être le préliminaire des secours que l'on en attendra ».

Effets de l'action magnétique sur diverses maladies, et observations y relatives.

LA nommée *Catherine Vidron*, lors de mon départ de *Buzancy*, vers le 15 juin 1784, n'étoit pas encore entièrement guérie d'une maladie qu'elle avoit eue précédemment. Je lui avois recommandé de venir à l'*arbre magnétisé* avec assiduité : j'avois lieu d'espérer que son secours seul, sans ma présence, pouvoit achever sa guérison, puisqu'il lui suffisoit seulement de le *toucher* pour entrer dans l'état de *somnambulisme*, qui caractérisoit sa *crise magnétique*. J'avois instruit le nommé *Lehogais*, mon fermier, homme capable de bien obser-

---

(*) *Voyez* la conclusion de ce Mémoire.

ver , des moyens de la *faire revenir de cet
état* à sa volonté (7). J'ai appris que , pendant
huit jours qu'elle étoit venue ainsi régulière-
ment à mon arbre , sa santé s'étoit soutenue :
mais se croyant alors entièrement guérie , elle
ne vint plus ; *une demi-lieue* de chemin à
faire tous les jours , et le travail qu'exigeoit
son service dans une ferme , à l'approche de
la moisson , ne lui permettoïent pas de se déplacer facilemênt. Quelle dut être sa surprise ,
au bout de quelques jours , de voir tous ses
maux se renouveler ; *colique , vomissemens ,
foiblesse d'estomac ;* enfin de se retrouver
dans son état précédent de souffrance !

Lehogais prend le parti de la ramener à
l'*arbre :* elle y éprouve une de ses *crises* ordinaires , suivie d'un *bien-être* sensible. Cette
alternative eut lieu plusieurs fois , jusqu'à ce
qu'enfin *Lehogais* imagine de suppléer lui-
même à la vertu *magnétique de l'arbre.*
C'est lui seul qui opère à présent ; et c'est lui
que je vais faire parler, ainsi qu'il me l'a ra-
conté.

« Le 28 septembre de cette année, ne pou-
» vant plus m'absenter de *ma ferme* , me
» dit-il , et voyant le besoin que cette fille avoit
» du *magnétisme* , j'essaie un jour de la *tou-*

» *cher :* je vous avois vu opérer (8); j'avois
» réfléchi sur plusieurs choses que vous m'a-
» viez dites, sur ce que j'avois lu dans une
» lettre de M. votre frère à M. *Mesmer,* et
» sur ce que je faisois tous les jours pour rendre
» *Catherine* à son état naturel, lorsque l'*arbre*
» l'avoit *magnétisée ;* enfin, Monsieur, je me
» trouve persuadé de l'existence d'un *agent*
» *universel,* cause première de notre exis-
» tence, et continuellement agissante pour l'en-
» tretenir; je comprends la possibilité de ren-
» forcer en moi cet *agent* quelconque, pour
» le porter sur un autre, et, d'après cela, je
» commence à *toucher* cette fille.

» Quelle fut ma surprise, de la voir, au bout
» de *deux minutes,* devenir entre mes mains
» dans le même état de *somnambulisme* où
» l'*arbre* la mettoit ! J'étois pour elle un véri-
» table *aimant ;* mon doigt suffisoit pour la
» *diriger,* la *déplacer,* la *faire s'asseoir* où
» je voulois, *sans lui dire un seul mot ;* enfin
» j'exerçois sur elle, *à ma volonté,* tous les
» phénomènes extraordinaires que je vous avois
» vu produire.

» Dès le lendemain de cette *première crise,*
» elle n'eut plus de *vomissemens,* et se trouva
» bien portante. Je continuai donc, pendant plu-

» sieurs jours, de la *magnétiser*, et ce fut tou-
» jours avec le même succès. Je vous observerai
» cependant qu'elle m'avoua qu'elle ressentoit
» presque continuellement un *petit point de*
» *côté*; que, sitôt qu'elle ne vomissoit plus,
» cette douleur se faisoit sentir; et elle m'ajou-
» toit même que, lorsque vous étiez ici et qu'elle
» alloit à l'*arbre*, elle avoit toujours eu cette
» *douleur de côté*, dont elle ne vous avoit pas
» parlé, parce que, disoit-elle, cette douleur,
» très-supportable, ne l'empêchoit ni de tra-
» vailler, ni d'avoir bon appétit.

» Depuis votre départ, il y avoit une pro-
» cession de monde qui venoit dans l'espérance
» d'être magnétisé et d'être *touché* par les ma-
» lades en somnambulisme de votre traitement).
» Au bout de quelque temps, l'*arbre* devenant
» désert, on sut bientôt que *Catherine* conti-
» nuoit, *chez moi*, de tomber en crise : on y
» vint. Lorsqu'elle étoit dans cet état, je ne
» faisois aucune difficulté de la laisser consul-
» ter : chacun s'en retournoit très-satisfait de
» ce qu'elle avoit dit. Son *point de côté* ne se
» passoit cependant pas; mais elle ni moi n'y
» faisions aucune attention.

» Un jour qu'il étoit venu chez moi une ma-
» lade de Soissons (mademoiselle *Rousseau*),

» Catherine, *étant en crise*, me dit de faire
» faire la *chaîne* avec cette demoiselle ; que
» cela lui feroit du bien. Je fis ce qu'elle dési-
» roit. Au bout d'un moment, *Catherine* me
» dit : Voilà mademoiselle *Rousseau* qui souffre
» beaucoup, il faut que vous la *touchiez*. J'obéis
» encore ; ce qui augmenta les souffrances de
» la malade. *Catherine*, qui s'en apercevoit
» fort bien, m'invitoit à continuer, en me
» disant que, si je pouvois la faire tomber *en*
» *crise*, je lui ferois beaucoup de bien, et qu'il
» n'y avoit que ce moyen-là pour elle d'être
» guérie. Je ne savois pas trop comment m'y
» prendre : je le lui demandai. Alors elle me
» dit d'aller chercher une *bouteille*, et de m'en
» servir pour *toucher* cette demoiselle : je sui-
» vois exactement ses conseils. Je prends donc
» une *bouteille*, et m'en sers de la manière
» dont *Catherine* me l'indiquoit. Mademoiselle
» *Rousseau* en souffroit encore plus ; mais ne
» tomboit point *en crise* : Catherine s'en éton-
» noit. *C'est singulier*, disoit-elle ; elle devroit
» cependant *tomber en crise : voyons, je*
» *veux toucher moi-même cette bouteille.*
» Je la laissois faire, et examinois avec atten-
» tion l'effet que cela produisoit sur mademoi-
» selle *Rousseau* : mais quelle fut ma frayeur,

» de voir aussitôt *Catherine* tomber dans des
» *convulsions* affreuses ! Aidé de ma femme et
» de ma fille, je ne pouvois la tenir : cette fille,
» naturellement douce de caractère, dont les
» crises étoient ordinairement si calmes, se dé-
» battoit alors avec une force surprenante, et
» faisoit des cris effrayans : j'eus beaucoup de
» peine à la calmer ; et, trop effrayé de l'effet
» que je lui avois causé, je me promis bien de
» ne la plus *toucher*. Le soir elle fut tranquille,
» et aussi bien portante que de coutume, sans
» même se ressentir d'aucune fatigue de l'état
» où elle avoit été.

» J'espérois que, ne la *touchant* plus, elle
» n'auroit plus de *crise* ; mais le lendemain,
» à la même heure, voilà Catherine dans les
» mêmes *convulsions* que la veille ; même peine
» pour la faire revenir : enfin, pendant quatre
» jours, cet état s'est renouvelé. Vous jugez,
» Monsieur, quelle étoit mon inquiétude, et
» combien je me reprochois alors d'avoir ha-
» sardé de me servir d'un moyen que je ne
» connoissois qu'imparfaitement ».

Voilà quel fut le récit de *Lehogais* : si ce
n'est précisément avec les mêmes termes, c'est
exactement le même sens.

Oui, sans doute, dis-je à Lehogais, le seul

danger qu'il y ait dans l'usage du magnétisme, c'est de s'en servir sans en connoître toutes les ressources : votre indiscrétion peut avoir désorganisé cette pauvre fille pour le reste de ses jours. Voilà ces malheureuses *convulsions* qui ont fait tant de tort à la découverte de M. *Mesmer*. Bien des gens se sont imaginé être fort habiles en les provoquant : chaque jour leur offroit le même tableau ; et l'habitude de le voir, ne le leur rendoit plus effrayant : les guérisons s'ensuivoient rarement ; l'objet étoit seulement de donner des *convulsions ;* on ne s'embarrassoit pas des suites : enfin, dis-je à *Lehogais*, où est à présent cette pauvre fille ?

« Monsieur, me dit - il, après cinq ou six » jours d'une situation aussi violente, elle est » revenue dans son état précédent de bien-être, » à l'exception de la douleur de côté, qui étoit » même plus forte que de coutume : je ne l'ai » pas *touchée* depuis, ainsi que je me l'étois » promis.

» Au bout de quelques jours, la *fièvre tierce* » lui a pris : elle lui a continué un mois en-» viron. Voilà à présent trois semaines que la » fièvre l'a quittée, sans qu'elle ait rien pris » pour la faire passer ; et, depuis ce temps, » elle se porte à merveille, sans même se res-

» sentir de douleur de côté : elle engraisse à vue
» d'œil, est gaie, mange et dort bien : elle n'est
» pas reconnoissable ».

Grâces au ciel, lui dis-je, la nature est venue
à votre secours ; vous avez été plus heureux
que sage ; sans cette bienheureuse fièvre, *Catherine* eût peut-être été inguérissable. Si vous
eussiez été plus instruit, lui ajoutai-je, lors de
sa première convulsion, vous eussiez jeté la
bouteille, et continuant à *magnétiser* comme
de coutume, vous eussiez tranquillisé bien vîte
votre malade : en l'abandonnant ainsi à elle-
même, vous rendiez nul, l'effort que vous aviez
fait faire à la nature ; il lui a fallu plusieurs
jours pour se remettre au point d'où elle étoit
partie, et aucun bien ne s'en est ensuivi ; voilà
l'occasion où il eût été bon de produire le lendemain la même *convulsion*, en ayant soin de
ne jamais quitter votre malade sans la calmer ;
et peut-être, lui ajoutai-je, au bout de trois
crises de cette espèce, vous l'eussiez vue aussi
bien guérie qu'elle l'est à présent par le secours
de la fièvre (9).

Tout magnétiseur en général, ne sauroit en
effet trop se persuader combien l'état de *convulsions*, abandonné à lui-même, est dangereux, à moins d'opérer sur des *épileptiques*,

sur lesquels le *magnétisme animal* n'agit que bien lentement : toutes les fois qu'il se rencontre des individus chez qui le *magnétisme* produit des *convulsions*, il faut se garder de les abandonner à eux-mêmes, encore plus se garder de chercher à augmenter cet état violent ; il faut au contraire faire tous ses efforts pour *calmer*, et ne jamais quitter son malade, que lorsqu'il est dans un état certain de tranquillité.

Avant de parler des nouvelles expériences que j'ai faites cet *automne*, je crois nécessaire de parler de quelques faits épars, qui, pendant mon séjour à *Strasbourg*, ont encore augmenté ma conviction aux effets du magnétisme animal.

Étant à mon régiment, je n'avois ni le loisir, ni la volonté de m'occuper de *magnétisme*. Cependant, forcé par des circonstances, il m'a bien fallu quelquefois *magnétiser*; et malgré tous les sarcasmes, je voyois toujours le succès couronner mes soins : il étoit bien difficile que des raisonnemens pussent ébranler en moi la conviction que des faits journaliers me procuroient sans cesse.

Je fus invité de *magnétiser* une femme de cinquante-deux ans, *Catherine Bauz*, du banc de la *Roche* (terre de M. Diestrich, *Stadt-meister* de Strasbourg) : cette femme étoit sujette à des maux de nerfs et à des convulsions qui, depuis vingt ans environ, lui prenoient plusieurs fois par semaine. Dès que j'eus commencé à la *magnétiser*, je m'imposai la loi de ne pas manquer un seul jour à passer une heure avec elle. La maladie de son mari ne lui a pas permis de rester plus de trois semaines *à Strasbourg*, pendant lequel temps, elle n'a eu qu'une seule fois des convulsions qui n'ont pas résisté *cinq minutes* à l'effet du magnétisme. Depuis son retour chez elle, j'en ai reçu deux lettres, l'une du 28 août, l'autre du 10 septembre, déposées à Soissons, par lesquelles elle me confirme sa guérison. (Voyez à la fin des notes.)

Cette femme *s'endormoit* quand je la *touchois*, entendoit tout ce qu'on disoit, sans pouvoir parler, ni sans pouvoir ouvrir les yeux, mais n'entroit pas dans l'état de *somnambulisme*.

Plusieurs fièvres, tant anciennes que nouvelles, ont été guéries avec le même succès.

Mais la maladie la plus singulière que le hasard m'ait fait rencontrer à Strasbourg, est celle d'un nommé *Nicolas Meninger*, jeune homme de 16 ans : il avoit eu, à l'âge de *sept mois*, la jambe cassée ; et depuis le moment qu'il avoit commencé à marcher, ses parens s'étoient aperçu que, journellement *à neuf heures et demie du soir*, sa jambe se *paralysoit*; au bout de quelques années, le *bras* du même côté éprouvoit la même révolution, et enfin, depuis un an, sa langue suivoit les mêmes périodes de *paralysie*. Dès les premiers jours que je l'ai eu *magnétisé*, ses accidens n'ont point eu lieu *dès ce soir même*; le lendemain ils n'ont point reparu; mais n'étant pas revenu chez moi le troisième jour, il s'est retrouvé le soir dans son état précédent. Au bout de trois jours, ses parens, qui avoient vu le bon effet du magnétisme, se sont déterminé à le faire loger à portée de moi; ce qui lui a permis de venir tous les jours quatre ou cinq heures dans ma chambre, autour d'un *petit réservoir magnétique* que j'avois fait arranger pour lui.

Je suis parti de *Strasbourg* le dix-huitième jour de son traitement, sans qu'*un seul* jour il ait ressenti ses accidens; j'ignore s'il est guéri actuellement; j'ai lieu d'en douter, parce que ce jeune homme n'avoit pas encore éprouvé *de crises douloureuses* qui, je crois, sont nécessaires pour la guérison d'une maladie aussi grave que la sienne. Ce jeune homme avoit à peu près les mêmes *crises* que celles de la femme dont j'ai parlé plus haut, à cela près qu'il n'entendoit aucun bruit , lorsqu'il avoit les yeux fermés ; mais il offroit une particularité bien singulière , c'est qu'aussitôt que moi-même , ou une autre personne lui touchoit la main , il *se réveilloit* sur-le-champ. Je n'ai jamais vu depuis, cet effet se renouveler.

Le livre de M. *Thouret* parut dans le temps de mon séjour à Strasbourg ; c'étoit , à mon avis , un des meilleurs ouvrages qui eussent paru , soit pour ou contre le *magnétisme* animal. La tranquillité qui règne dans cet ouvrage , le caractère de bonne foi que je découvrois dans son auteur , tout enfin m'engagea à lever le scrupule qu'on a raison d'avoir à se mettre en évidence dans les *journaux*. J'écrivis une lettre que j'envoyai dans le temps à MM. les *rédacteurs du journal de Paris*, avec d'autant plus de confiance , qu'ils avoient annoncé qu'ils recevroient les défenses du *magnétisme*, que M. *Thouret* venoit d'attaquer si vivement. Ces messieurs ont répondu à la personne que j'avois chargée de s'informer de ma lettre , qu'ils ne pouvoient l'imprimer. J'ignore quelles ont été leurs raisons : j'avois lieu de penser que ma signature au bas de cette lettre pouvoit tout au plus me donner un ridicule momentané , mais pouvoit en même temps servir de

titre à ces *messieurs* pour ne se pas compro-
mettre. Je ne puis imaginer que leur refus ait
été l'effet d'un ordre supérieur. J'avois tâché
d'atteindre, dans cette lettre, à la tranquillité
et à l'impartialité de l'auteur estimable à qui
je répondois, et rien, comme on va le voir,
n'étoit fait pour déplaire à qui que ce fût.

A Strasbourg, le 16 août 1784.

M.

« Je viens de lire l'ouvrage de M. *Thouret,*
» sur le magnétisme animal ; l'érudition qu'il
» y a déployée et la quantité de recherches qu'il
» a dû faire pour compléter la tâche à lui im-
» posée par sa compagnie, ont dû lui mériter
» les éloges et l'approbation qu'il en a reçus ;
» j'avoue qu'à l'exception de quelques phrases
» un peu personnelles contre M. Mesmer, qu'il
» eût pu aisément ne pas se permettre, je n'ai
» vu moi-même, dans son ouvrage, qu'une
» recherche impartiale sur un objet important,
» ainsi que les vues les plus droites pour éclair-
» cir des faits contre l'évidence desquels sa
» raison se refuse. Par l'extrait de cet ouvrage,
» qui vient de paroître dans le journal du 11 de
» ce mois, l'on paroît désirer que M. Mesmer

» réponde à M. Thouret, afin de détruire les
» doutes que l'ouvrage de ce dernier doit avoir
» répandus dans les esprits, sur l'existence du
» magnétisme animal ; moi, je crois au con-
» traire que M. Mesmer ne doit pas répondre,
» dans ce moment-ci, à l'invitation qui lui est
» faite ; car, avant de chercher à lever des
» doutes, il faut être assuré qu'il existoit une
» croyance préliminaire, et M. Mesmer sait
» fort bien que cette croyance n'a jamais existé
» parmi les membres de la faculté. Vis-à-vis de
» qui donc peut-il chercher à combattre des
» doutes ? Sera-ce vis-à-vis de ses élèves ? Si
» j'en juge par moi-même, l'ouvrage de
» M. Thouret n'est pas fait pour ébranler leur
» conviction : je dirai même plus ; je crois cet
» ouvrage plutôt fait pour affermir leur croyance
» que pour la détruire. En effet, que conclure
» des recherches de M. Thouret, en lui accor-
» dant que la doctrine de M. Mesmer est la
» même, dans le fond, que celle de *Maxwelle*,
» *Santanelly*, *le Père Kircher*, etc., sinon
» qu'il a existé de tout temps une GRANDE VÉ-
» RITÉ, que beaucoup de gens successivement
» ont aperçue de loin ou à travers un nuage,
» que presque tous, à l'aide de la découverte
» plus ou moins grande qu'ils ont faite de cette

» vérité, ont cherché à en imposer à leurs
» contemporains par un amour - propre mal
» placé, leur ont caché soigneusement le prin-
» cipe de leur science, et en ont augmenté
» beaucoup les effets ? Que dis - je ? il en est
» peut-être dont tout le crime n'a été qu'un
» enthousiasme excusable pour le bien de l'hu-
» manité, et que la crainte seule des abus qui
» pouvoient résulter de leur connoissance ré-
» pandue indiscrètement, ont retenus dans le
» silence. Quoi qu'il en soit, tant que la sa-
» gesse et la modestie ont dirigé leurs dé-
» marches, ils ont eu des croyans et des parti-
» sans zélés ; mais leur succès dans les maladies
» a dû réveiller l'attention des médecins de leur
» temps : une cause aussi inconnue pour ces
» médecins, n'a dû leur paroître qu'une *char-*
» *latanerie*, ou qu'un effet de l'empire des
» âmes fortes sur les imaginations foibles ;
» mettant même à part leur intérêt (qu'on peut
» philosophiquement pourtant compter pour
» quelque chose dans la conduite des hommes),
» ils ont dû de bonne foi condamner une doc-
» trine qui prêtoit autant au merveilleux. Si
» l'on ajoute à cela l'abus qu'ont pu faire, dès
» lors, de leur connoissance les magnétiseurs de
» ce temps-là, la crainte où les gouvernemens

» devoient être de voir se renouveler les erreurs
» de *l'astrologie judiciaire*, *les sorcelleries*,
» *les divinations*, *les schismes* de toute espè-
» ce ; on sentira qu'il n'en falloit pas davantage,
» pour faire condamner au silence les inven-
» teurs d'une doctrine qu'on ne pouvoit ni
» apprécier ni deviner, et pour élever contre
» eux une multitude d'incrédules et de détrac-
» teurs. Mais enfin, en supposant même,
» comme je l'ai dit plus haut, que la doctrine
» de M. Mesmer soit dans le fond la même que
» celle des magnétiseurs anciens, ainsi que
» l'affirme M. Thouret, et ce que M. Mesmer
» a seul le droit de discuter, est-il raison-
» nable, d'en conclure que, parce qu'on a con-
» damné dans ce temps-là ce qu'on ne connois-
» soit pas, l'on doive condamner de même dans
» ce siècle-ci ce que l'on ne connoît pas davan-
» tage ? On a beau dire que le *magnétisme
» animal* est une vieille erreur qu'on cherche
» à renouveler ; ce n'est là qu'un mot qui ne
» doit point arrêter les philosophes dans la re-
» cherche de la vérité.

» *Si le principe universel est d'une si
» grande importance dans sa nature, il de-
» vroit être, pour ainsi dire, sensible de
» toutes manières.*.. Pourquoi M. Mesmer

» *n'en produit - il quelqu'apparence de*
» *preuve que sur les malades, et en général*
» *sur le corps vivant ?* . . . Comment n'a-t-il
» pas aussi son action *sur d'autres corps phy-*
» *siques et même inanimés,* etc. ? (Recherches
» et doutes).

 » Cette objection, très-forte en physique,
» où l'on ne doit croire qu'après des expé-
» riences réitérées, sera bien vîte anéantie,
» sitôt que M. Mesmer aura pris la peine de
» faire connoître sa théorie : il n'est pas un
» *magnétiseur* un peu instruit qui ne puisse y
» répondre. Mais il faudroit d'abord lui passer,
» qu'au moins sur les malades ce fluide a une
» action véritable ; car, sans cela, comment
» prouver qu'il ne peut en avoir de bien réelle
» dans ce cas ? Je vais, d'après mes lumières
» acquises de M. Mesmer, vous en fournir la
» preuve que je m'en donne à moi-même.

 » Le fluide universel contribuant à l'exis-
» tence de tous les êtres, sa modification seule,
» dans les organes où il passe, constitue tel ou
» tel être ; dès lors, les corps de même espèce,
» et modifiés de la même manière, sont seuls
» en droit d'agir avec intensité les uns sur les
» autres ; nous en voyons chaque jour la preuve ;
» sans cela les règnes et les races se mêleroient

» et n'offriroient plus qu'un chaos, dont nous
» ne pouvons nous faire d'idée. Si donc c'est
» par ce fluide universel, mis en action (passez-
» moi ce mot), que doivent s'opérer les effets
» appelés du magnétisme animal, nous devons
» croire qu'entre les divers corps homogènes,
» il a naturellement une action toujours déter-
» minée. C'est par ce principe que se *marient*
» les arbres entr'eux, que les pierres *s'aglu-*
» *mèlent*, que les métaux *se combinent*, que
» les animaux *s'accouplent*, et c'est par ce
» même principe que les hommes ont, de plus
» que les autres êtres, la faculté de se *magné-*
» *tiser*. Si vous n'admettez pas cette première
» donnée, ce que je vais dire ne vous paroîtra
» qu'une illusion. Qu'arrivera-t-il donc entre
» deux hommes également sains, c'est-à-dire
» également modifiés, suivant leur constitu-
» tion, par ce fluide universel, sans la posses-
» sion duquel ils n'existeroient pas? ce qui
» arriveroit entre deux vases inégaux, remplis
» d'eau, qu'on joindroit ensemble; l'eau se
» joueroit dans l'un et l'autre vase, sans qu'il
» s'ensuivît la moindre altération dans la capa-
» cité entière; c'est à peu près la comparaison
» de ce qui doit arriver entre deux hommes
» également sains. Mais supposons à présent

» ces deux vases mis l'un à côté de l'autre , le
» premier totalement rempli , et l'autre aux
» trois quarts (je les suppose de même hau-
» teur , sans avoir la même capacité), et , si
» l'on veut , remplis de tubes de différens ca-
» libres. Un réservoir entretient continuelle-
» ment le plein du premier vase par une ouver-
» ture libre que rien ne veut obstruer , tandis
» que l'autre , semblable à ces fontaines inter-
» mittentes , n'ayant qu'une communication
» imparfaite avec le réservoir commun, éprouve
» des altérations successives et marquées : que
» je fasse communiquer ces deux vases en-
» semble, l'eau reprendra bientôt son niveau
» dans le second , sans que pour cela le pre-
» mier en soit altéré.

» Le premier vase est l'homme sain , le se-
» cond est l'homme malade : si vous demandez
» la preuve de ce que j'avance , je vous dirai :
» *Venez chez moi ; voyez des malades re-*
» *prendre leur force et leur santé première ;*
» bien plus , je vous donnerai des expériences
» *momentanées* , si vous ne vous contentez pas
» des guérisons , qu'on peut toujours attribuer
» à ce mot de hasard , qui ne signifie cependant
» rien. En voici une , entr'autres , fort extraor-
» dinaire dont j'ai été témoin , et qui m'a autant

» étonné que vous pourrez l'être en en lisant le
» récit.

» J'avois déjà mis deux fois en crise magné-
» tique un homme de trente-trois ans, nommé
» *Louis Segar*, de la paroisse de *Luy*, près
» Soissons (je n'entends pas par *crise* un état
» *convulsif* ni désordonné, j'entends au con-
» traire un état *de sommeil physique*, dont
» la vue seule peut donner une idée : je redoute
» autant que personne l'état de *convulsions*,
» et crois que le véritable but d'un magné-
» tiseur doit être de les faire cesser, quand
» elles existent). Cet homme fort et robuste,
» d'une taille de cinq pieds huit pouces, avoit
» une *fièvre quarte* ancienne, et qui résistoit
» d'abord à l'effet du *magnétisme*. Je voulus
» savoir un jour ce que pensoit de lui un autre
» malade *en crise* ; je pris, sans réfléchir, un
» *jeune postillon* de la poste de *Braine*, arrivé
» seulement à mon traitement *de la veille*,
» et qui venoit pour la première fois de tomber
» dans cet état heureux de *crise magnétique* ;
» je dis à ce jeune homme de *toucher* Louis
» *Segar*, qui étoit dans l'état naturel. Ce jeune
» homme m'obéit sur-le-champ ; mais, loin
» de me parler et de répondre aux questions
» que je lui faisois, il s'obstinoit à garder le

» silence, et touchoit toujours son malade.
» Enfin, après quatre minutes, il dit très-
» haut et d'un ton très-brusque : *Eh! je ne
» vous trouve point de mal*; au même instant,
» il ouvre les yeux, et de l'air le plus étonné,
» il continue : *Ah! me voilà réveillé; où
» suis-je ici?* Cette scène, la première que je
» voyois de ce genre, me surprit beaucoup et
» m'amusa de même. *Louis Segar* n'avoit
» rien éprouvé, et cependant ce jeune homme
» s'étoit débarrassé de la cause de sa *crise*
» d'une manière subite, sans que j'y eusse con-
» tribué en rien.

» Ce fait, Monsieur, est très-vrai, puisque
» je peux l'attester : il est de nature à inté-
» resser les physiciens ; ils y verront un rapport
» bien sensible avec les effets de l'*électricité*,
» dans le déchargement de la bouteille de
» *Leyde* : c'est le seul de cette nature que j'aie
» obtenu. Je pourrois, d'ailleurs, vous citer
» une infinité de traits d'un autre genre, plus
» surprenans encore, mais qui, faute de pou-
» voir être comparés aux effets physiques déjà
» connus, ne seroient pas aisément crus : s'il
» faut des premières données pour croire les
» choses dont on n'a aucune idée, il en faut
» aussi plus que je n'en ai pour mettre au jour

» les expériences que j'ai faites , et pour me
» flatter de pouvoir convaincre de leur réalité.

» Je n'ajouterai qu'un mot au sujet de deux
» expériences que rapporte M. *Thouret* , et
» qu'il croit à tort une suite des effets du magné-
» tisme animal , je veux dire celle de l'*épée* qui
» tourne sur *deux doigts* , et celle de la *bague*
» suspendue à un fil dans l'intérieur d'un go-
» belet. Ce ne sont pas des élèves instruits de
» M. Mesmer qui puissent rapporter ces expé-
» riences pour appuyer sa doctrine. Ceux qui ,
» de bonne foi , assureroient que ces deux sub-
» tilités sont produites par l'effet du magné-
» tisme animal , seroient dans l'erreur , et n'au-
» roient pas de cet agent une connoissance
» approfondie. Ce que je puis vous assurer ,
» c'est que jamais M. Mesmer ne m'en a parlé ,
» et que de pareilles balivernes ne sont point
» faites pour l'occuper sérieusement.

» J'espère , Monsieur , que cette lettre peut
» répondre en partie aux objections de M. Thou-
» ret : puisse-t-il rechercher de bonne foi les
» causes du magnétisme animal , en examiner ,
» sans prévention , les effets , et ramener en-
» suite , par un nouveau *rapport fidèle* de
» ses observations , une compagnie dont il a
» la confiance , et entre les mains de laquelle

» la connoissance du *magnétisme animal* de-
» vroit être déposée, pour tendre à sa per-
» fection, et parvenir à sa plus grande utilité!
» C'est là le vœu bien ardent que je fais. Les
» membres d'une compagnie dont l'existence
» n'est appuyée que sur la confiance publique,
» qui, par devoir et par intérêt, doivent cher-
» cher continuellement à s'en rendre dignes,
» n'abuseront jamais d'un moyen qui leur sera
» confié pour la conservation des hommes. Les
» torts d'un seul d'entr'eux seroient bientôt
» punis par le corps entier; mais deux cents
» individus isolés, quoique tous honnêtes et
» délicats, n'ont pas le même droit à la con-
» fiance publique. Qu'un seul abuse de l'em-
» pire que peuvent lui donner ses connois-
» sances en magnétisme, le tort en retombera
» toujours sur la doctrine, et éloignera la con-
» fiance. Je sens trop le prix de la *découverte*
» de M. Mesmer, et l'utilité dont elle peut
» être aux hommes, pour ne pas désirer d'en
» voir asseoir les fondemens d'une manière so-
» lide; et ce ne peut être que lorsque les fautes
» des *magnétiseurs* ne retomberont pas sur le
» *magnétisme.*
» Mais qu'on ne craigne pas tant qu'on vou-
» droit le faire penser, les abus de ce magné-

» tisme. Tout homme qui s'y livrera avec une
» espèce de suite, éprouvera des jouissances
» si pures et si peu connues, à soulager ses
» semblables et à leur faire du bien, qu'il ne
» lui viendra jamais dans la tête de manquer
» à la délicatesse envers eux ; *car il agiroit*
» *alors contre lui-même....* C'est dans la
» vue de réaliser cet axiome écrit dans le cœur
» de tous les hommes, que *faire le bien rend*
» *heureux*, que la doctrine du magnétisme
» animal doit être embrassée avec ardeur par
» tous les honnêtes gens, à qui elle présente,
» sous tous les rapports moraux et physiques,
» la perspective du bonheur ».

Surdité depuis dix ans.

Le nommé *Henri-Joseph-Claude Joly*,
bourgeois de Dormans, âgé de *dix - neuf
ans*, avoit eu, à l'âge de neuf ans, une
maladie aiguë avec transport : à la suite de
cette maladie, il lui étoit resté une *dureté
d'oreille* assez forte. Il alla étudier au collége
de Louis-le-Grand, à Paris, à l'âge de onze
ans : son incommodité ne l'empêcha pas de
continuer ses études jusqu'à la *rhétorique*.

Mais alors, devenu de plus en plus *sourd*, il fut obligé de quitter et de revenir chez lui. Il y avoit près de deux ans qu'il étoit de retour de Paris, quand il est venu me trouver le 13 octobre de cette année 1784. Il est resté à mon traitement sept jours, et est parti le huitième *entièrement guéri*, et entendant si parfaitement que, quelque bas qu'on pût lui parler, il imaginoit qu'on lui crioit encore aux oreilles.

Dès la seconde fois que j'ai *touché* ce malade, il s'est endormi, ou, pour mieux dire, il est tombé dans l'état *de somnambulisme* : c'étoit le jeudi matin 14. Après deux heures de tranquillité dans cet état, il se réveilla sans ma participation : le soir, je lui procurai la même crise, dont je fus obligé de le tirer. Sa surprise étoit très-grande en revenant à lui, de voir qu'il *s'étoit endormi* : il ne pouvoit concevoir que cela fût, disant « qu'il dormoit » fort bien toutes les nuits, et qu'il n'y avoit » aucune raison pour qu'il s'endormît ». Il étoit très-incrédule aux effets du magnétisme, comme on va le voir, et n'étoit, pour ainsi dire, venu que comme curieux. Le lendemain, *vendredi*, il eut cependant deux *crises* de *somnambulisme* comme la *veille*, suivies du

même défaut de mémoire et de la même incrédulité. Le lendemain, *samedi*, je le trouvai, en arrivant au traitement, entortillé de
cordes et *lié à sa chaise* d'une manière incroyable : il me dit qu'il l'avoit fait ainsi,
afin de voir si véritablement il *s'endormoit*, et
que, si cela lui arrivoit, il espéroit au moins
que je ne le ferois pas *changer de place* sans
sa participation, et qu'il se *réveilleroit* sûrement en le détachant. Quand ce vint son tour
d'être *touché*, je lui conseillai de tenir ferme,
et de faire tous ses efforts pour s'empêcher
d'être surpris comme les autres fois ; qu'au
moins je le priois de m'instruire de ce qu'il
éprouveroit et du moment où il se sentiroit
envie de dormir. Il me le promit ; mais au
bout de trois minutes, il ne put que me dire :
Voilà mes yeux qui se troublent ; et presqu'aussitôt après : *Me voilà parti*. En effet,
je le regarde, et je le vois dans l'état de *som*
nambulisme. Il n'y fut pas plutôt, que je lui
fis détacher toutes ses cordes *lui-même*. Je
ne pouvois m'empêcher de rire de voir toutes
les peines qu'il se donnoit pour défaire les
nœuds qu'il avoit faits : il n'y employa que
cinq à six minutes, tant il se dépêchoit. Je
suis sûr que tout autre y eût employé le

double du temps, et n'en fût peut-être pas
venu à bout. Je le *fis* asseoir ensuite sur une
autre chaise, où je le laissai ainsi l'espace de
deux heures environ. Quand, au bout de ce
temps, je *l'eus remis dans son état naturel,*
son premier mot fut de dire : « On a sûrement
» coupé les cordes : oh ! c'est incompréhensi-
» ble » ! et de courir tout de suite à sa première
place, et d'examiner toutes les cordes. Quand
il les eut vues tout entières, il resta stupéfait :
Comment cela s'est-il pu faire? répétoit-il
sans cesse ; *je ne puis comprendre cela.* Cependant, l'après-dînée, il sentoit, étant dans
l'*état naturel,* une grande pesanteur de tête ;
ce qui ne le disposoit pas plus que de raison
à la confiance dans mon remède. Il eut *deux
crises* dans la journée : dans celle du soir, il
commença à me parler et à m'instruire de sa
maladie. « Monsieur, me dit-il, *j'ai un dé-
» pôt dans la tête ;* il me faudra beaucoup
» souffrir pour le rendre. S'il descend dans la
» gorge, je creverai ; mais s'il sort par le nez,
» je guérirai, et ne serai plus *sourd.* Je ne
» puis pas encore vous répondre de la voie qu'il
» prendra ; je ne suis pas assez avancé pour
» cela ».

Dans la même *crise* du samedi soir, je lui

F

bandai les yeux, pour savoir si, de cette manière, j'agirois aussi efficacement sur lui; c'étoit
la même chose. Je le *fis* écrire les yeux bandés.
Voici ce qu'il écrivit sous ma dictée.

« Je me suis détaché moi-même, m'étant
» lié à ma chaise, de crainte qu'on ne m'en-
» dormît malgré moi : j'écris ceci les yeux ban-
» dés, en crise magnétique.

» *Ce 15 octobre 1784.* Joly ».

Après quoi, je lui débandai les yeux, et lui
dictai :

« J'écris ceci, sans avoir les yeux bandés, et
» je n'en écris pas mieux : ainsi, autant vau-
» droit-il que l'on ne me les eût pas dé-
» bandés ».

La vue de son écriture, à son réveil, lui
causa une surprise extrême : il disoit que sûrement on lui avoit tenu la main : malgré tous
les témoins qui lui assuroient le contraire, il
ne pouvoit se le persuader.

Le dimanche matin, n'étant pas plus con-
vaincu, ni plus confiant que les autres jours,
il imagina un expédient fort original pour s'empêcher de dormir; c'étoit de se piquer la main
avec une épingle, pendant que je le *touchois*.
Je ne pouvois m'empêcher de rire et de m'ar-

rêter. Alors il me disoit : « Ah ! pour aujour-
» d'hui, vous avez beau faire ; je me fais bien
» du mal, mais au moins je *ne m'endors*
» *point* ». Cependant je tâche de reprendre
mon sérieux, et de ne plus prendre garde à ses
gestes. Un moment après, j'entends l'*épingle*
tomber ; et le voilà de nouveau dans *la crise*
accoutumée. Je le réveillai ce jour-là dans
mon cabriolet, après lui avoir fait faire un
tour de promenade. Nouvelle surprise, comme
on peut bien le croire, de sa part. Mais hu-
milié cependant de se voir ainsi MAÎTRISÉ, il ne
renonça pas encore à de nouveaux expédiens
pour vaincre l'empire que j'avois sur lui.

Dans la *crise* du soir, il me parla ainsi de
sa guérison : « Je sens mon *dépôt* qui se par-
» tage, me dit-il ; je le rendrai par le *nez* en
» deux fois, dont demain matin une partie, et
» l'autre partie plus tard ; mais je ne puis en-
» core en prévoir le jour ».

Le lundi, étant allé à Soissons, il m'apprit, à son retour, que s'étant trouvé foible
sur la route, il étoit descendu de cheval, et
avoit rendu *par le nez* gros comme un œuf de
matière blanchâtre ; c'étoit la partie du *dépôt*
qu'il avoit prédit la veille devoir sortir : il n'eut
de *crise* ce jour-là que le soir.

Le lendemain, mardi, j'eus encore une nouvelle scène fort plaisante. En entrant dans la chambre de mon traitement, je vis tous mes malades dans une gaîté singulière. Je m'informe du sujet de leurs éclats de rire. C'étoit M. *Joly*, qui avoit imaginé de faire faire *deux cercles de fer* au maréchal du village, avec lesquels il s'étoit fait attacher par lui les *deux jambes* au pied de sa chaise : *des clous* bien rivés, enfoncés dans le bois, faisoient, qu'à moins de limer les bandes de fer ou les clous, il étoit impossible de le détacher. Il ne doutoit plus alors, que je ne pusse l'*endormir ;* mais son espérance étoit qu'au moins il se *réveilleroit* au bruit qu'on feroit pour *limer* les bandes de fer qu'il avoit aux pieds, ajoutant même que, pour peu qu'on s'y prît maladroitement, on lui *limeroit* la peau, et que la douleur alors le *réveilleroit* nécessairement. Beaucoup de personnes qui ne m'ont pas permis de les nommer, venues ce jour-là à *Buzancy*, furent témoins du bruit que l'on fit, et de la gêne qu'on lui occasionna pour lui *limer* ses attaches, sans que pour cela il donnât le moindre sigue de réveil : les mêmes témoins lui entendirent même prédire *que sa guérison auroit lieu le jeudi au soir.*

J'espérois ce jour-là que son *réveil* seroit aussi calme que les autres jours. En revenant à lui, il me dit qu'il avoit un mal de tête plus violent que de coutume ; mais je n'y pris pas garde, et le renvoyai à son auberge : il étoit alors sept heures du soir. Vers les huit heures, on vient me dire qu'on a entendu des soupirs et des plaintes dans mon parc, et qu'étant accouru au bruit, on avoit trouvé M. *Joly* étendu par terre, étouffant et râlant comme un homme qui va mourir : on ne pouvoit le *toucher* sans augmenter ses souffrances. Je vais le chercher, l'amène bien vîte au château, et après lui avoir fait avaler un verre d'eau (*), j'appaise *ses convulsions*, et le remets dans l'état de crise calme où mon attouchement le mettoit ordinairement ; après quoi je l'étendis sur un canapé, pour le reposer. Après un quart d'heure dans cette tranquillité, moi écrivant auprès de la cheminée (et ne pensant plus à lui), il m'appelle, ce que jamais il n'avoit fait. Qu'y a-t-il ? lui répondis-je. « Vous avez bien fait, me dit-il, de me donner » *un verre d'eau ;* trois minutes plus tard, je

______

(*) L'eau que je donne aux malades dans le traitement est toujours magnétisée.

» n'aurois plus eu besoin de rien , j'aurois été
» étouffé ».

Après l'avoir fait souper, *sans l'ôter de
crise* , je l'ai conduit dans une chambre où je
lui ai dit de se coucher ; ce qu'il a fait comme
s'il eût été dans *son état naturel*. A le voir
*faire ses prières, souffler la lumière , ar-
ranger ses habits* sur son lit, excepté enfin
d'avoir les yeux fermés et de ne pas parler, on
n'eût pu croire que ce jeune homme ne fût pas
dans son état habituel. Quand il fut couché , il
me dit qu'il étoit bien , et qu'il alloit dormir.
Je lui dis de m'attendre le lendemain , et de
ne pas se lever sans moi. Il me répondit que
c'étoit à lui à me venir trouver, et qu'il se le-
veroit sitôt qu'il feroit jour. Je fis coucher, par
précaution , un homme dans sa chambre : ce
soin étoit inutile , car le malade ne remua pas
de la nuit.

Le lendemain matin , mercredi , étant monté
chez lui sur les huit heures , je le trouvai tout
habillé et assis tranquillement auprès de son
lit , toujours dans le *même état de somnambulisme :* je le fis descendre dans ma chambre,
où il m'apprit qu'il avoit très-bien dormi. Sur
les nouvelles que je lui demandai de sa santé
(car je me plaisois à lui faire répéter ses *pré-*

dictions sur sa guérison), il me répéta que c'étoit toujours *jeudi* soir qu'il rendroit son *dépôt par le nez* ; mais que d'ici là il avoit beaucoup à souffrir. Je lui demandai de quel genre de souffrances il vouloit parler. « Ce » sera, dit-il, des souffrances pareilles à celles » d'hier : d'ici à demain soir, je pressens que » toutes les deux heures, j'aurai un accès vio- » lent d'étouffemens : je ne suis pas éloigné du » premier ». En effet, à neuf heures sonnan- tes, je le vois se roidir ; je vois ses yeux se tourner, sa gorge s'enfler ; et le voilà dans le même état convulsif que la veille. Il m'avoit trop bien appris que l'*eau* lui étoit nécessaire, pour ne pas employer ce moyen pour le cal- mer : il la buvoit avec une avidité singulière. Cette *crise* dura à peu près cinq minutes ; après quoi je le vis aussi tranquille qu'auparavant.

Dans cet état, il me demanda de quoi écrire une lettre à son père : il vouloit, disoit-il, que l'on fît des perquisitions sur un de ses amis, qui, étant venu au traitement avec lui, l'avoit quitté fort brusquement sans ma permission. Sa lettre fut courte, mais assez bien écrite et bien dictée. Ce n'a été qu'à son retour chez lui qu'il a eu connoissance de cette lettre (écrite cependant et cachetée par lui-même). Je pro-

fitai de la même occasion pour donner des nouvelles à son père, et annoncer à ce dernier la
guérison de son fils pour le soir du *lendemain*.

Cette lettre écrite, je sortis pour ordonner
qu'on apportât à déjeûner à mon malade. Je
fus ensuite conter ce qui venoit de se passer :
j'en parlois encore, quand une femme de chambre, regardant par la fenêtre, me dit : Mais,
Monsieur, *Joly* est donc éveillé, car le voilà
qui descend dans le jardin. En effet, j'ouvre la
fenêtre, et je le questionne. Il me répond
« qu'il venoit d'être fort étonné, en s'*éveillant*,
» de se trouver tout seul dans ma chambre,
» auprès d'un bon feu ; qu'il ne savoit pas qui
» l'avoit mené là ; qu'il se sentoit beaucoup
» d'appétit, et qu'il alloit commander à dé-
» jeûner à son auberge ». Sur les questions que
je lui fais sur ses souffrances passées, il me
répond « qu'il a bien souvenance de n'avoir
» pu gagner le village, et de s'être trouvé foible
» dans les charmilles ; mais que depuis il *igno-
» roit ce qui s'étoit passé* ». Comme je savois
mieux que lui, par ses *prédictions*, ce qui
devoit lui arriver à onze heures, je lui recom-
mandai de revenir avant ce temps se mettre
au traitement. Il me le promit, et je le laissai
aller.

De retour à dix heures et demie , je lui fais faire *la chaîne* , avec les autres malades , autour du *réservoir magnétique*. Il n'en falloit plus davantage alors pour agir sur lui avec efficacité. A onze heures justes , *sa crise convulsive* lui prend , comme il l'avoit annoncé , et toute la journée il en eut de semblables de deux heures en deux heures , sans jamais sortir de l'état de *somnambulisme*. Après la *crise* de cinq heures du soir , il se réveilla cependant tout seul , comme il avoit fait le matin. Il se trouvoit un si grand mal de tête , qu'il ne vouloit pas se remettre au traitement. Je ne l'y forçai pas , et le laissai se promener , sans cependant le perdre de vue. A sept heures , sans qu'il y ait eu aucun préliminaire de ma part , sa *crise* convulsive lui prend , comme il étoit à causer dans une chambre voisine de celle du traitement. J'accours , je le calme comme à l'ordinaire , et l'état de *somnambulisme* s'ensuit. Il eut encore ce jour-là deux accès , savoir , un à neuf heures , et l'autre à onze , après avoir fort bien soupé ; car jamais l'appétit ne lui manquoit , et quoique dans *l'état magnétique* , il savoit fort bien demander à manger.

Je m'apprêtois à ne pas dormir de la nuit , afin de suivre avec exactitude les détails d'une

cure aussi extraordinaire , et d'ailleurs pour ne
pas l'abandonner lui-même dans ses accès violens d'étouffemens , qui , sans l'espérance qu'il
me donnoit lui-même de la fin de ses tourmens ,
m'auroient chaque fois fait craindre pour sa vie.
Il s'aperçut apparemment de mes inquiétudes
pour la nuit : car il me dit que je pouvois
dormir tranquillement ; qu'il falloit le faire
coucher , et que le repos qu'il alloit prendre
empêcheroit ses *crises convulsives* de se manifester ; qu'enfin il n'en auroit pas avant *sept
heures du matin.* Je ne pouvois cependant pas
assez ajouter foi à cette prédiction , pour l'éloi-
gner de moi pendant la nuit. En conséquence ,
je le fis coucher dans ma chambre. Etant dans
son lit , il me répéta encore qu'il alloit dormir
tranquillement ; que je pouvois en aller faire
autant jusqu'au *lendemain sept heures.* Il me
forçoit à la confiance par son ton d'assurance.
En effet , je me couchai , et ne fus pas réveillé
de la nuit.

Mais le *lendemain* matin , j'entends , étant
encore endormi , un bruit sourd , des plaintes ,
et comme si quelqu'un se débattoit par terre.
Je saute vîte en bas de mon lit , et je vois mon
malade tout habillé , étendu sur le plancher ,
la face contre terre , étouffant et râlant comme

la veille. Aussitôt je cours chercher *un verre d'eau*, et tâche de le relever. Quand il fut calme, je regarde à ma montre, et vois *SEPT HEURES dix minutes*; ce qui me donna à penser que le pauvre malheureux avoit souffert quelques minutes avant de me réveiller. A *neuf heures*, même crise; après quoi, *même réveil naturel* que la veille, et même empressement de courir au village pour déjeûner. Il n'eut pas cette fois l'attention de revenir avant *onze heures*; de sorte que son accès lui prit comme il finissoit de déjeûner. Il fallut venir me chercher; ce qui (vu le chemin que j'avois à faire) lui occasionna cette fois une *crise* plus longue que de coutume.

Revenu au château dans l'état de *somnambulisme*, je voulus le mettre au traitement; mais il me dit qu'il y souffroit trop, que l'effet étoit trop violent pour lui, et qu'il n'avoit plus besoin de ce secours jusqu'à sa parfaite guérison, *qui s'opéreroit ce soir même*. Il dîna ce jour-là à table avec nous, madame la marquise de * * *, qui étoit arrivée de la veille, ayant bien voulu le permettre. Après son *accès de trois heures*, il se *réveilla naturellement*, et alla jouer une partie de *tamis*. Comme il se sentoit la tête très-lourde, il s'imaginoit que l'exercice la lui dégageroit ; car il étoit bien loin d'imaginer alors être aussi près de sa guérison parfaite. Il m'a dit depuis, qu'il se seroit trouvé très-heureux, dans ce moment-là, de rester avec sa *surdité*, pourvu qu'on eût pu lui ôter le *mal de tête* violent qui l'accabloit. Je le voyois se donner du mouvement avec d'autant plus de plaisir, qu'il m'avoit *dit* le matin (dans l'*état magnétique*), qu'il guériroit de meilleure heure si je le fatiguois et si je lui faisois faire beaucoup d'exercice. En conséquence, je l'avois laissé me suivre toute la journée comme mon ombre, et quelquefois même l'avois fait courir et sauter, pour obéir à ses *indications*.

Cependant il étoit *cinq heures et demie* passées, et la *crise ordinaire* n'arrivoit pas ; ce qui m'étonnoit : la partie de *balle* l'attachoit beaucoup ; et quoique je lui eusse fait dire plusieurs fois de venir au traitement, il n'en tenoit compte : je lui criai enfin moi-même de revenir, et il m'obéit. Il ne fut pas plutôt arrivé près de moi, que je n'eus que le temps de le prendre dans mes bras, de l'asseoir sur une pierre, et *sa crise convulsive* de suivre les procédés accoutumés.

Revenu dans l'*état magnétique*, je lui demandai de ses nouvelles , en lui observant que *le soir* approchoit où il m'avoit annoncé *sa guérison* : à quoi il me répondit , qu'il n'avoit plus qu'*une ou deux crises* à avoir ; qu'il ne pouvoit assurer si ce seroit après la *première* ou après la *seconde* qu'il rendroit *son dépôt ;* mais que cela ne passeroit pas la *deuxième.* Afin de ne le pas quitter , je le fis asseoir auprès du feu dans la chambre du traitement.

Sur les *sept heures et demie ,* voilà sa *crise convulsive* qui le prend : mais loin d'être aussi violente que les autres , je le vois s'affoiblir considérablement. J'étois dans une inquiétude extrême, d'autant qu'il me dit : *Monsieur,.... voilà que je perds mes forces ;.... je ne puis plus pousser ma crise ;.... c'est la fin.....* Et il s'arrêtoit, ne pouvant presque pas parler. *Eh bien !* lui dis-je tout alarmé, *que signifie cela ? seriez-vous plus mal ?* Alors, d'une voix entrecoupée, il me dit : *C'est l'annonce... de ma.... guérison.... prochaine :.... je ne puis marcher :.... il me faut porter sur un lit :.... je serai mieux.... quand j'aurai la tête reposée.....* Je le fais en effet porter, car il ne pouvoit se soutenir : un moment après qu'il fut sur le lit, il se réveille et se trouve étonné, comme à l'ordinaire, de sa position :

il ne pouvoit revenir surtout de l'excès de foiblesse où il étoit. Un quart d'heure s'étant
passé ainsi, il me dit qu'il se sentoit envie de
dormir, et qu'il désiroit qu'on le laissât reposer. Je fais retirer tout le monde, et nous
allons dans une chambre attenante à la sienne,
d'où nous pouvions entendre le moindre bruit
qu'il feroit. Il resta ainsi tranquille environ
trois quarts d'heure : au bout de ce temps,
quelqu'un ayant entendu remuer dans sa chambre, j'y cours avec *dix* ou *douze* personnes,
entr'autres M. le marquis *de Lévis*, qui
attendoit, ainsi que moi, ce qui devoit se passer ; et nous trouvons *Joly* le visage hors
du lit, et rendant par *le nez* ce qu'il nous
avoit annoncé : c'étoit une matière *blanche* et
épaisse, mêlée de très-*peu* de sang. Quand
je vis qu'il ne rendoit plus rien, je le fis re-
coucher, et je jugeai, d'après *des indications
sûres*, qu'il étoit encore dans *l'état magnétique*. Il ne resta pas un demi-quart d'heure
sans revenir dans l'état naturel. Alors je lui
demandai s'il savoit ce qui venoit de lui arriver :
il me répondit que non ; mais qu'il sentoit sa
tête fort légère ; que c'étoit apparemment le
sommeil qu'il venoit de prendre qui en étoit
cause ; que cependant il ne savoit d'où lui venoit

la foiblesse extrême où il étoit. Je ne me donnois
plus la peine d'élever la voix pour me faire
entendre, et le ton le plus bas étoit celui qui
lui convenoit le mieux. Quand je le vis tranquille, je lui annonçai qu'il étoit *guéri*, et
que j'allois lui en montrer la preuve. Le témoin
sensible qui se trouvoit encore par terre, la
légèreté de sa tête, la sensibilité de ses oreilles;
toutes ces preuves réunies mirent fin à son
incrédulité, et ne tardèrent pas à le convaincre
de sa parfaite guérison. Sa foiblesse seule l'empêchoit de jouir de tout son bonheur. Il alla
coucher cette nuit à son auberge, et le lendemain, ayant, avec le repos, repris ses forces
ordinaires, il est venu me remercier, et me
témoigner sa joie et sa reconnoissance.

Le surlendemain, *vingt-trois*, il est parti en
parfaite santé pour son pays, avec le projet de
reprendre (s'il est encore possible) des études
dont, par son intelligence, il est très-capable
de profiter. (Voyez le certificat ci-après.)

La veille de sa guérison, il s'en étoit passé
une tout aussi singulière ; c'étoit celle d'une
femme, *Agnès Rémont*, indiquée au n°. 10
du *détail des cures opérées à Buzancy*, laquelle, après une chute affreuse qu'elle fit
dans sa cave, sur la tête, *le mardi* 12 *octo-*

bre, eut des *vertiges*, des *convulsions* et un commencement de *saignement de nez*, qui, s'étant arrêté, auroit indubitablement formé un dépôt dans sa tête. Celle-ci, dans ses *crises magnétiques*, m'obligea de la faire *saigner* jusqu'à trois fois : elle me *prédit*, de même que Joly, *l'heure de sa guérison* ; et, après trois saignemens de nez, qu'elle avoit de même *pressentis* et *annoncés*, le mer-credi 19, elle me dit : *Je suis guérie* ; et si je souffre, c'est de *l'estomac* ; dans un moment cela sera passé, et je n'aurai plus de mal.

En effet, le *jeudi* elle est restée chez elle très-foible, mais bien portante, et le *vendredi* elle est venue me remercier avec Joly.

Certificat de la guérison du sieur Joly, dont l'original est entre les mains de M. Rigaud, notaire à Soissons.

« Nous, *maire* royal et *principaux habitans* de la ville de *Dormans* en Champagne, certifions que nous avons connu le nommé Henri-Joseph-Claude *Joly*, de cette ville, dans un état de *surdité considérable* ; qu'il a été obligé de quitter ses études au collége de Louis-le-Grand, à cause de son infirmité ; que, pendant *six ou sept ans* qu'il a été à *Paris*, nous avons su qu'il avoit tenté les moyens connus de la médecine, entr'autres ceux administrés sur les *sourds* par M. l'abbé *de Saint-Julien*, sans en tirer de soulagement ; et qu'enfin, étant allé, le 22 *du mois d'octobre*, à Buzancy, chez M. le *marquis de Puységur*, qu'on lui avoit dit guérir beaucoup de personnes par le moyen du *magnétisme animal*, nous l'avons vu revenir, au bout de huit jours, PARFAITEMENT *guéri de sa surdité, entendant la voix la plus basse* ; et que ledit *Joly* nous a dit avoir rendu par le nez un *dépôt* considérable ; que sur les questions que nous lui avons faites du moyen employé pour le guérir, ainsi que des différens effets qu'il avoit éprouvés, il nous a répondu n'avoir aucune connoissance de la cause qui l'a guéri, ni aucun souvenir des souffrances qu'on lui avoit dit avoir ressenties, si ce n'est d'une foiblesse qu'il éprouva un jour en revenant de Soissons, après laquelle il rendit partie de *son dépôt* par *le nez*, et une autre fois, l'avant-veille de sa guérison, d'être tombé foible dans le chemin, en s'en retournant à son auberge. De plus, ledit *Joly* nous a assuré ne plus souffrir d'une *double hernie* qui l'incommodoit beaucoup, au point

G

que, dès son retour chez lui, il a cessé de faire usage d'un double *bandage*, qu'il ne quittoit pas précédemment.

» *Nous certifions*, en outre, que le sieur François *Joly*, père dudit *Joly*, nous a montré une lettre de M. le marquis de *Puységur*, datée du *mercredi* 19 *octobre*, dans laquelle ce seigneur lui annonçoit la guérison totale de son fils pour *le lendemain jeudi soir, vingt dudit mois*, qui s'effectueroit par la sortie d'un *dépôt par le nez*; ce que ledit *Joly* nous a assuré lui être effectivement arrivé. En foi de quoi nous avons signé le présent certificat, à *Dormans, ce quatre novembre mil sept cent quatre-vingt-quatre*, et à icelui fait apposer *le cachet* aux armes de *notredite ville*. Ainsi signé, *Pruche*, maire; *Robert*, conseiller; *Joly*, curé de Châtillon-sur-Marne; *de Barry*, greffier-secrétaire; *Lallement*, ancien praticien; *Prin*, curé de Reuilly; *Poan de Monthelon*, seigneur de Troissy, près Dormans; *Delalot*, seigneur de Comblisy; *Laurain le Gros, Cheruy*, procureur-fiscal de Comblisy; *Laurain Racine, Aubry*, aubergiste à la Croix d'or; *Couvé, Moussé* le jeune, *Robert*, curé de Vimelles; *le chevalier d'Estrées*, brigadier des armées du roi; *Fovelet*,

ancien greffier de la ville ; *C. Martin* , conseiller ; *Delbarre* , *Clouet* , *Herman Stirtz* ,
Bougy , son maître d'écriture ; *Remond* , aubergiste ; *Gaudinat* , notable ; *Joly* père, *Guibo-
rat* , *Castellas* , vicaire de Dormans ; *Goblet* ,
Palle , greffier militaire ; *Madeleine Joly* ».

D'après le détail des cures que je viens de
citer, et dont l'exactitude est constatée par des
précautions au-dessus de toute suspicion , il n'est
pas possible de se refuser de croire à l'existence
des effets opérés par le moyen du *magnétisme
animal* ; et dès lors on sentira de quel avantage
il est , pour le bien général , que cette *découverte* soit *connue* , *appréciée* et *perfectionnée*
par tout le monde , et surtout par la classe
d'hommes destinée plus particulièrement à se-
courir l'humanité souffrante.

S'il est vrai que *chaque homme* puisse , dans
l'occasion , soulager son semblable , il n'est pas
moins vrai que l'habitude de *magnétiser* , de
suivre des *crises* , d'en prévoir les effets et les
résultats , rendront toujours ceux qui , par état ,
se consacreront à cet emploi , plus bienfaisans
que les autres , et , par cette raison , plus précieux à la société. L'état de *médecin* , par la
suite , en acquerra plus de lustre , parce qu'il

sera plus pénible : il ne suffira pas aux *médecins* de faire seulement usage de leurs connoissances *théoriques*, il leur faudra, de plus, payer de *leurs personnes* ; et ce sera de la perfection plus ou moins grande de leur *machine électrique animale*, autrement dit, de *leurs facultés*, que dépendront leurs succès dans les maladies.

Une chose infiniment satisfaisante dans l'emploi du *magnétisme animal*, c'est de pouvoir, à l'aide d'un malade *en crise magnétique*, avoir un *INDICATEUR sûr*, non-seulement *du siége* de sa maladie, mais aussi des *maladies* des différens individus qui lui seront présentés.

Quand on considère ce fait d'une manière isolée, et sans chercher à se rendre compte de sa possibilité, on est tenté de le nier et de le regarder comme une *absurdité manifeste* : car, dira-t-on, à moins de croire aux *sorciers*, on ne peut admettre une pareille assertion. Personne n'est plus éloigné que moi de croire aux *sortiléges* et aux *divinations*.

Mais il faut observer que la connoissance des maladies, et la *prévoyance* de leurs symptômes et de leur terminaison, ne tient à rien de *surnaturel* dans les individus qui se trouvent en état de *crise magnétique*. Ce n'est pas par *pré-*

diction qu'ils jugent si sainement et si sûrement des *causes des maladies*, mais tout
simplement par une *sensation* qui leur est
particulière. Ce n'est que par des *sensations*
que nous pouvons avoir des *idées* : cette vérité,
si constante et si reconnue, ne peut être dé-
mentie par rien ; et ce qui arrive aux individus
en *crise magnétique*, vient encore à l'appui
de cette vérité, pour en constater plus authen-
tiquement l'évidence.

J'ai beaucoup questionné mes malades *somnambules* ; *Joly*, surtout, comme plus intel-
ligent, m'a rendu plus exactement ce qu'il
sentoit à l'approche des malades que je lui pré-
sentois à *toucher*. « C'est, me disoit-il, une
» *sensation* véritable que j'éprouve dans un
» *endroit correspondant* à la partie qui souffre
» chez celui que *je touche* ; ma main va natu-
» rellement se porter à *l'endroit de son mal* ;
» et je ne peux pas plus m'y tromper, que je
» ne pourrois le faire en portant ma main où je
» souffrirois *moi-même* ».

Par rapport à ce qu'il éprouvoit lui-même
dans l'*état magnétique*, pour pouvoir affirmer
aussi positivement ses souffrances *à venir*, et
enfin sa *guérison* : « Quel nom donneriez-vous
» à cela ? lui demandois-je. C'est plus que

» *prévoir*, me disoit-il, il faudroit appeler cela
» *pressavoir*, ou plutôt *pressentir :* oui, c'est
» que je *sens d'avance*, je *pressens* le mal
» qui doit m'arriver ; et comme je ne suis pas
» éloigné de ma guérison , *j'en pressens* à
» peu près le moment , comme devant arriver
» au terme où je *pressens* devoir finir mes
» souffrances ».

Le jour de sa guérison , je lui dis que la
nommée *Agnès Rémont* se portoit bien ; qu'elle
étoit guérie de la veille , *ainsi qu'elle me l'a-
voit annoncé* d'avance. Il me répondit : « Cela
» devoit être , puisqu'elle vous l'avoit annoncé :
» elle ne pouvoit se tromper , car elle *sentoit*
» ce qu'elle vous disoit , aussi bien sûrement
» que je *sens* que *je dois guérir ce soir* ».

Tout l'extraordinaire des *prédictions* des
malades dans l'*état magnétique* , s'évanouit
donc , en les considérant comme l'effet d'une
pressensation particulière et dépendante de
l'état dans lequel ils se trouvent : nier l'existence de cette *sensation* , parce qu'on ne l'a
point éprouvée, seroit tomber dans une erreur
pareille à celle d'un *aveugle* de naissance, qui
diroit que le *sens* de la vue n'existe pas, parce
qu'il ne peut s'en faire une idée.

La pressensation est tellement inhérente à

l'*état magnétique*, que je n'ai jamais trouvé un seul de mes malades, revenu dans l'état naturel, se ressouvenir de rien de ce qu'il avoit *fait* et *prédit* pendant *sa crise*. J'ai fait ce que j'ai pu pour lier leurs idées dans le passage d'un état à l'autre, soit en entrant *en crise*, soit en sortant ; cela m'a été impossible. La démarcation est si grande, qu'on peut regarder ces deux états comme deux existences différentes. J'ai remarqué, par exemple, qu'en état *magnétique*, ils ont l'idée et le souvenir de tout ce qui les a occupés dans l'état *naturel* ; tandis que, dans cet état, ils n'ont aucun souvenir de tout ce qui les a occupés dans l'*état magnétique :* ce qui confirme bien (suivant ce que j'ai dit plus haut) l'existence d'une *sensation* de plus, dans ce dernier état. Ils peuvent, avec six sens (si l'on peut s'exprimer ainsi), se ressouvenir des sensations que la jouissance des *cinq premiers* leur a procurées, tandis qu'avec *cinq sens*, ils ne peuvent remonter aux idées formées avec *six*. On peut encore se servir ici de la comparaison d'*un aveugle* de naissance à qui on rendroit la vue. En voyant la lumière, il acquerroit sûrement des idées nouvelles, dont il ne pouvoit avoir le moindre aperçu avant son nouvel état ; tandis qu'acquérant un sens de plus, il se ressouviendroit parfaitement de la manière dont il existoit sans la possession de ce sens : la seule différence fort grande qu'il y ait dans le passage *de crise* à l'état naturel, est qu'ici le souvenir de tout ce qu'on a éprouvé se perd totalement ; ce qui n'arriveroit pas, à ce que je pense, à l'aveugle revenu dans son premier état.

Il existe encore une particularité bien remarquable dans l'état de *crise magnétique ;* c'est que la perfection de cette sensation, dont nous ne pouvons nous faire une idée, n'existe véritablement que lorsque les individus sont *malades :* une fois *guéris*, s'ils continuent à tomber *en crise*, ils ne sont plus *bons* à consulter sur les maladies des autres ; ils avouent alors qu'ils ne *sentent* plus rien : du reste, quoique guéris, ils sont susceptibles encore quelque temps de devenir dans l'état de *somnambulisme*, soit qu'ils entrent dans la chambre du traitement, ou qu'ils s'approchent de la personne qui les a *magnétisés*. C'est ainsi que plusieurs individus, soit de *Buzancy* ou autres lieux, ont été quelque temps à ne pouvoir m'approcher sans se sentir l'*envie de dormir*. Cette susceptibilité dure plus ou moins longtemps, et finit par se passer totalement. On verra ci-après ce qu'un peu plus d'expérience m'a appris depuis.

L'électricité artificielle n'exerce aucune influence particulière sur les individus en *état magnétique*. J'en ai fait l'essai sur plusieurs malades, entr'autres sur *Joly*, et sur une *épileptique* dont j'espère la guérison, par la raison que c'est la première malade de ce genre que je sois parvenu à mettre dans l'*état de crise magnétique*. Je les ai fait mettre sur le *gâteau*, et les ai chargés d'*électricité ;* cela leur échauffoit la tête, comme à tout le monde ; si je tirois d'eux des *étincelles*, ou si je leur donnois des *commotions* avec la bouteille de *Leyde*, ils me disoient que je leur *faisois mal ;* et une fois attrapés, ils ne se prêtoient qu'avec peine à de nouvelles expériences. Comme dans cet état ils ont les *sensations* extrêmement délicates, je leur demandai s'il restoit quelque chose en eux de ce fluide électrique : ils me dirent que non ; que cela s'échappoit très-vite, et que la douleur que je leur avois faite, étoit tout ce qui leur en restoit. La fille *épileptique*, qui n'avoit aucune idée d'*électricité*, se plaignoit véritablement, et me disoit qu'elle croyoit qu'on lui avoit *mordu le doigt. Joly* étoit celui qui, par quelques connoissances de la chose, pouvoit me satisfaire le plus. Je le fis communiquer, *sans être isolé*, au conducteur de ma machine, et je fis tourner *le plateau*; alors il me dit qu'il sentoit de cette manière circuler le fluide en lui; que cela ne lui faisoit aucun mal; et que ce qu'il ressentoit, ressembloit, sans être aussi fort, à ce qu'il éprouvoit autour *du réservoir magnétique*. J'ai essayé en vain, sans *magnétisme*, de mettre mes malades *en crises* par le secours seul de l'*électricité*; cela me porte à croire qu'en les *électrisant négativement*, on ne pourroit pas non plus les décharger de l'*électricité animale* ou de l'excédent de mouvement dont ils sont imprégnés.

Le rapprochement que j'ai trouvé entre les *effets électriques* et ceux du *magnétisme animal*, m'ont conduit à me servir plutôt de *baguettes de verre* pour *toucher* mes malades, que de baguettes *de fer*, que l'on emploie ordinairement : je me suis aperçu qu'elles étoient beaucoup meilleurs *conducteurs* que les premières; ce qui vient apparemment de ce que les pores sont plus serrés et les *filières* plus *directes* que dans aucune autre substance : joint à cela, comme je l'ai dit plus haut, que c'est le corps de la nature qui *retient* le plus de *fluide universel*. Cette expérience a servi à me convaincre de la vérité d'une des propositions de M. *Mesmer*, qui est que le *verre* même ne sert pas d'*isoloir* à ce fluide. En effet, il ne 'seroit plus *universel*, si quelque chose pouvoit en *isoler*.

L'eau magnétisée est un des grands moyens de la *médecine magnétique*. Un malade *en crise* est seul dans le cas d'en apercevoir la différence avec de l'*eau ordinaire*. Je n'ai pas plus d'idée de ce fait que de tous les autres que j'ai cités, puisqu'il dépend d'une *sensation* exquise que je n'ai jamais éprouvée : mais l'expérience RÉITÉRÉE que j'ai été dans le cas d'en faire sur beaucoup de malades, ne me laisse aucun doute sur sa réalité. Il n'est pas même nécessaire que l'*eau* que l'on *magnétise* soit dans du *verre*; ce qui prouve que ce n'est pas comme dans l'*électricité artificielle*, où l'eau ne sert que de *conducteur* du fluide universel, pour le porter sur la partie intérieure du *bocal* qui la renferme : mais ici c'est l'*eau* elle-même qui se charge du *fluide animal*.

Tous mes malades *en crise* s'accordent à conseiller de *cette eau* en abondance aux hydropiques, assurant même qu'elle leur est beaucoup plus salutaire que mes *attouchemens* extérieurs. Si, comme j'ai lieu de le croire, cette *indication* est vraie, de quelle importance il est que l'expérience vienne en confirmer le succès !

Il me reste encore une objection bien importante à lever, pour forcer la croyance publique sur les *guérisons* que je rapporte. Comment se peut-il, dira-t-on, qu'un élève de M. *Mesmer* cite tant de faits extraordinaires, suivis de résultats aussi heureux, tandis que M. *Mesmer* lui-même n'a jamais rien publié de semblable. Ma réponse est toute simple : je suis absolument libre de mon temps chez moi ; je puis, autant qu'il est nécessaire, suivre tous les périodes d'une cure, d'après les *indications* qui me sont données par les malades eux-mêmes, je puis les faire coucher à portée de moi, et ne les pas quitter un *seul moment*. Enfin, je maîtrise tous les évènemens, tandis que M. *Mesmer*, en butte à toutes les volontés d'un public qu'il doit respecter, n'est pas une seule journée maître de lui. Je puis affirmer, sans l'offenser, qu'il lui eût été impossible d'opérer une cure pareille à celle de *Joly* ; car, dès la première *crise* qu'il lui eût occasionnée, obligé peut-être de l'abandonner pour courir à l'autre bout de *Paris*, ou de faire une *consultation*, il eût perdu tout le fruit de ses peines, en perdant le moment d'obtenir du malade une *indication* sûre de la *cause* de ses maux ; à plus forte raison, lorsque la nature opéroit chez lui des retours périodiques de souffrances, il eût risqué, en l'abandonnant à lui-même, de le laisser étouffer ; ou, s'il n'avoit pas succombé totalement, de causer en lui une *désorganisation* qu'aucun moyen n'eût pu rétablir.

Ce sont ces soins assidus et continuels (que je reconnoissois si nécessaires à tous les malades soumis au magnétisme) qui me faisoient écrire ce *printemps*, que je regrettois bien que M. *Mesmer* ne se trouvât pas dans une situation assez tranquille pour opérer avec succès les effets bienfaisans de sa *sublime découverte*, et qui me faisoient juger de tout le bien qu'il auroit fait de plus que moi, s'il se fût trouvé à ma place.

Quand je considère en effet ce qui se passe à tous les *traitemens magnétiques* un peu nombreux, je ne puis me refuser à un profond sentiment de tristesse. Accoutumé à ne jamais voir chez moi aucune *crise inutile*, et la nature se décidant en ma faveur à ne jamais s'arrêter jusqu'à l'*entier rétablissement* de mes malades, je gémis du temps perdu ou des souffrances inutiles et souvent *dangereuses* que font essuyer à leurs malades la plupart des *magnétiseurs*.

Les Chambres des *crises*, qu'on devroit appeler plutôt un enfer à convulsions, n'auroient jamais dû exister : M. *Mesmer* n'en avoit jamais eu ; ce n'a été que lorsque la multitude des malades est venue abonder chez lui dans son nouveau logement, qu'obligé alors de trop partager ses soins, il a imaginé d'avoir un emplacement où il pût au moins, en abandonnant ses malades, ne pas les laisser exposés à être *touchés* de tout le monde ; ce qu'il savoit leur être très-contraire. Il faut le plaindre véritablement de tout le mal qui est résulté d'un pareil établissement, que l'humanité seule lui avoit dicté. Tant qu'il n'y avoit que lui qui pût entrer dans cette *fatale chambre*, le mal n'étoit pas aussi grand ; mais obligé une fois de dévoiler sa doctrine et ses moyens, chaque *initié* s'est cru en droit d'aller suivre ce que l'on appeloit *crises* ; alors, il a dû en résulter le plus grand désordre dans les individus soumis aux *expériences publiques* ; la *décence*, la santé, tout étoit compromis, et aucune cure satisfaisante n'est venue adoucir les chagrins de l'honnête homme forcé de laisser profaner ainsi ses moyens. Tous les médecins qui, sortis de l'école de M. *Mesmer*, se sont répandus dans les provinces pour y établir des *traitemens* magnétiques, ont commencé leur établissement par faire arranger *une salle de crises*. Aucun ne peut être repréhensible d'une précaution aussi barbare, puisqu'ils ne l'ont fait que dans les vues les plus bienfaisantes, et que tous sûrement ont eu beaucoup à souffrir du tableau affreux que leur ont présenté les *convulsions* trop réitérées; mais il est temps de les désabuser, ainsi que le public. Tout ce qui s'appelle *convulsions* ne doit être qu'un passage éphémère entre les mains du *magnétiseur*; et l'*état de crise*, au contraire, est un état *calme* et *tranquille*, qui n'offre aux regards sensibles que le tableau du bonheur et du travail paisible de la nature pour rappeler la santé. Ce n'est pas que dans cet état les individus malades ne souffrent quelquefois d'une manière inouïe; je dis plus, leur *guérison* ne peut s'obtenir *sans souffrances*; mais alors on pourroit dire que, sous l'empire bienfaisant de LA NATURE, leur corps seul souffre, sans que leur âme en soit altérée. La perception qu'ils acquièrent dans cet état, leur faisant envisager leurs souffrances comme nécessaires, et pressentant d'avance leur guérison , comme terme de ces mêmes souffrances , ils ont un courage et une patience qui tranquillisent sur leur état.

Lundi , premier de ce mois de novembre , le marquis *de Lévis* et M. *Cloquet* furent témoins des *prédictions* d'une paysanne foible et bornée, laquelle, sur les *six heures du soir,* étant en *crise magnétique* depuis la *veille* et dans les *angoisses les plus violentes de coliques* causées par des dérangemens de santé si fréquens dans son sexe , me dit avec la plus grande tranquillité : « Il faut prendre patience , » Monsieur, je ne serai pas guérie *avant huit* » *heures du soir* ; d'ici là, il faut que je souf- » fre beaucoup ; vous ne pouvez pas m'en em- » pêcher ». Les *mêmes témoins* ne la quittè- rent pas un moment. Enfin , après un redou- blement de souffrances , devenant calme et tranquille, elle me dit : « Voilà qui est fini , » je ne souffre plus ». Je me permets une ques- tion relative à son état ; elle y répond d'une manière satisfaisante : ces *Messieurs* regardent à *leurs montres* , et voient *huit heures pré- cises.* Je cite ce fait au milieu de *quantité d'autres* du même genre, parce que les personnes qui en ont été témoins veulent bien être nommées ; permission, que bien peu de personnes ont osé me donner.

Enfin, il n'y a pas de jour où je ne pourrois *prédire* à mes malades tout ce qui leur arrivera, souvent à *plus de huit ou quinze jours de distance*, et leur faire croire que je LIS dans *l'avenir*. Je ne sais cependant rien que ce qu'ils m'ont appris eux-mêmes ; en racontant les sensations qu'ils éprouvoient, je ne fais autre chose que leur répéter ce qu'ils ont dit. Mais il n'en seroit pas moins aisé de leur en faire accroire sur cela, parce que (comme je l'ai dit plus haut) ils n'ont aucun souvenir, après la crise, de tout ce qui leur est arrivé.

Je désire bien que dans *le nouvel examen* qui va se faire chez M. *Mesmer* par les *nouveaux commissaires* nommés par *le parlement*, il soit pris indifféremment une *douzaine* de nouveaux malades, sur lesquels M. *Mesmer* exerce seul sa bienfaisante propriété. Il ne se peut pas que, sur ce nombre, il n'y en ait plusieurs qui n'offrent, dans le travail de leurs cures, des phénomènes pareils à ceux qui se sont passés chez moi, et j'espère alors qu'il n'y aura plus de nouvelles sur l'admission d'*une découverte* aussi intéressante pour l'humanité,

H

qu'elle sera glorieuse pour le règne sous lequel
elle s'est manifestée.

Traitement, par le magnétisme, d'une maladie grave et invétérée.

Le nommé *Philippe-Hubert* Viélet, ancien garde-chasse et *maître d'école à Espiez*,
près *Château-Thierry*, âgé de *trente-six
ans*, avoit depuis quatre ans un mal de poitrine et complication de maux, dont les consultations suivantes font foi. Il étoit foible et extrêmement souffrant lors de son arrivée au
traitement, qui étoit le 8 *octobre* 1784. Au
bout de *deux* jours, il a commencé à éprouver
beaucoup de souffrances ; et au bout de *dix
jours*, des *crises magnétiques* ; ses crises ont
toujours été précédées de douleurs fortes à la
poitrine, *et* d'oppression considérable ; il sembloit n'entrer en *crise de somnambulisme*,
que comme forcé de prendre un repos nécessaire.

Vers le *vingt-deux* du même mois, il commença *dans ses crises* à me faire des *détails de sa maladie* ; il me *dit* qu'il sentoit
s'opérer en lui un travail bien salutaire ; que

son oppression étoit causée par un *dépôt* d'humeurs au *pilore* et aux *hypocondres*; que
ses nerfs en étoient fortement agacés; qu'il
auroit beaucoup à souffrir avant d'en être débarrassé; que cependant ce n'étoit pas là son
plus grand mal; qu'il avoit outre cela un *dépôt*
dans la poitrine, qui étoit bien dangereux,
parce qu'il *ne pressentoit* pas encore comment
il en guériroit. Chaque jour il me donnoit de
nouvelles espérances : il n'éprouvoit pas une
seule crise qui ne fût de plus en plus curative;
enfin il ne fut pas long-temps sans me dire
que la cause de ses deux maux se dissiperoit;
savoir celle de ses maux aux *hypocondres*,
par des *selles*; et celle de sa douleur de poitrine, par une *vomique* qu'il cracheroit.

Le *vingt-six* au soir fut l'époque où il m'annonça positivement une *première évacuation*
pour *le vingt-huit au soir*; ce qui est arrivé à la
lettre, comme il l'avoit prédit, non sans éprouver les douleurs les plus vives, quoique toujours
dans l'*état de somnambulisme. Vers les neuf
heures du soir*, quelqu'un m'étant venu
avertir que *Viélet* étoit très-foible et ne sortoit
plus de la chambre du traitement (car il n'avoit
besoin d'être dirigé par personne, il alloit et
venoit de lui-même, *comme s'il eût été dans*

l'état naturel), j'allai le questionner ; il me dit qu'il étoit débarrassé de son embarras au creux de l'estomac ; mais qu'il s'étoit fait chez lui un si grand tiraillement dans les nerfs, qu'il en souffriroit encore long-temps, quoique guéri.

Obligé d'aller passer deux jours hors de chez moi, je ne revins que le samedi soir ; j'allai à mon traitement ; et après avoir mis *Viélet* en crise magnétique, je lui demandai s'il avoit quelque chose à m'apprendre sur l'état de sa poitrine : il étoit alors *six heures et demie du soir.* « Monsieur, me répondit-il, je n'en » serai pas débarrassé avant *ce soir, entre* » *neuf et dix heures* ». Je ne m'attendois pas à cette réponse, et ma surprise égala le plaisir qu'elle me fit. J'allai la raconter à M. le marquis *de Lévis,* qui, aussi curieux que moi d'en voir l'accomplissement, se promit bien de se trouver avec le malade au moment *indiqué. A neuf heures un quart,* comme nous étions à table, on vient nous dire *que Viélet* étoit étendu par terre, et qu'il rendoit *son dépôt ;* nous y courons, et nous voyons en effet la preuve la plus convaincante de sa guérison ; c'étoit une matière *noire comme de l'encre.* Il me dit qu'il avoit bien souffert, et que sa bouche étoit très-mauvaise : je lui fis boire un *verre d'eau*, et un moment après je le remis dans *l'état naturel*. Alors le mauvais goût de sa bouche l'étonnant beaucoup, et sa respiration étant plus libre, il me demanda ce qui venoit de lui arriver : heureusement je pouvois, ainsi qu'à Joly, lui montrer encore le témoignage certain de sa cure. Le lendemain il se trouva bien dégagé et sans souffrances, et *deux jours* après il est parti pour son pays.

Au bout de huit jours, il est revenu, me disant qu'il souffroit encore beaucoup du côté droit et du creux de l'estomac ; que, quant à sa poitrine, elle étoit bien dégagée, mais qu'il croyoit qu'il s'étoit amassé de nouvelles humeurs dans l'endroit de son premier mal. Je crus, ainsi qu'il me l'avoit dit précédemment dans ses crises, que ce n'étoit que le tiraillement des nerfs, fatigués par le travail qui s'étoit fait en lui, et je le rassurai sur les douleurs qu'il éprouvoit. Il voulut être *touché*; et il ne fut pas long-temps sans entrer dans *l'état de crise magnétique*. Une fois dans cet état, je lui demandai ce qu'il apercevoit de nouveau en lui. Alors il m'apprit qu'à son retour chez lui, on l'avoit fait écrire pendant *six jours et cinq nuits*, pour dresser un inventaire pressé , et que n'ayant pu prendre un repos suivi , il se sentoit extrêmement fatigué ; que ses nerfs en avoient considérablement souffert , et qu'outre cela , il voyoit en lui un autre *dépôt d'humeurs* dans la région *du pilore*. Il fallut donc le remettre de nouveau au traitement ; il y est resté jusqu'au 15 sans me donner d'espérance de sa guérison : depuis trois jours , je lui faisois passer les nuits chez moi *en crise magnétique* , parce qu'il m'avoit dit que cela l'avanceroit beaucoup. *Le 15 au soir* , lui ayant encore demandé s'il croyoit *guérir* bientôt , il me répondit que je n'avois pas besoin de lui faire davantage cette question ; qu'il savoit fort bien que je désirois en être instruit d'avance , et que lorsqu'il en seroit temps , il m'en instruiroit , sans que je lui en reparlasse. Je le fis coucher cette nuit , comme les précédentes , dans la même chambre que le nommé *Malaisé* , autre malade qui se trouvoit à mon traitement. Le lendemain 16 , étant entré chez lui à huit heures du matin , *Malaisé* me dit que , deux heures avant le jour , il avoit entendu *Viélet* se réveiller et écrire. Je croyois que cet homme avoit rêvé ce qu'il me disoit. Ayant demandé à *Viélet* (que je voyois toujours dans l'état de *crise magnétique*) des

nouvelles de sa santé, il me donna pour toute
réponse le papier que je joins ici, en me disant :
Voilà, Monsieur, ce que vous désirez sa-
voir ; j'espère que vous serez content. Je
lus ce qui suit :

RAPPORT.

« *J'ai vu* pendant long-temps des faits qui
» m'ont paru si extraordinaires, dans les faits
» des crises magnétiques produits par les sen-
» sations, que je me suis résolu, dans celle où
» je suis, d'inscrire les faits qui se sont passés
» à mon égard, le présent, ce qui viendra, et
» ce qui en résultera.

» *Je dis* que, depuis *quatre ans* que j'ai
» consulté quantité de médecins qui, sans con-
» noître le fond de ma maladie, ont fait des
» épreuves *sexagénaires* sur mon corps, n'ont
» pu parvenir à me procurer du soulagement :
» *je dis* qu'ils ont, au contraire, fixé le mal
» de plus, et occasionné *des dépôts* des plus
» considérables. C'est dans ce sommeil *ambu-*
» *liste* que je *connois*, que je *vois*, que je
» *distingue* les causes de cet évènement *plus*
» *sûrement qu'aucun médecin ne le pourroit*
» *faire* ; c'est ce que j'ose dire affirmativement.

» Je dis que la première cause de ma ma-

» ladie provient d'une *inflammation de poi-*
» *trine*, produite par les travaux et les cha-
» grins, qui ne demandoit que des adoucis-
» sans; mais on a employé la *saignée*, les
» *vomitifs*, les *purgatifs*; ce qui a aigri les
» maux, et a fait dégénérer l'inflammation en
» plusieurs *abcès*, dont une *vomique* étoit
» aux *poumons*, une autre au *pilore* de l'es-
» tomac, enfin une autre qui *étoit* attachée à
» *la rate* : on auroit bien dû employer pour
» cet effet des *délayans*, des *lavemens* com-
» posés de *mauve, marrube blanc*, et *fleurs*
» *d'ortie blanche*, et autres *narcotiques*. On
» a le contraire suivi la marche différente, en
» employant le *savon*, le *sel* et autres *astrin-*
» *gens*; des *médecines violentes*, des bains
» *trop froids*; enfin on a restreint mon indi-
» vidu à sécher les nerfs et les paralyser. De
» tous les médicamens dont on s'est servi, je
» ne vois seul que les *poudres d'Ailhaud*,
» dont je me suis servi particulièrement, qui
» ont guidé mes *abcès* au point de les empê-
» cher d'augmenter. Cependant, restant tou-
» jours dans un état languissant, avec affection
» *hypocondre*, depuis ce temps jusqu'à l'épo-
» que du 9 octobre dernier, que M. le marquis
» de *Puységur* eut la bonté de me recevoir au

» traitement du *magnétisme* ; *j'ose dire* que
» depuis ce temps jusqu'au *vingt-deux* dudit
» mois, je n'en ai pas éprouvé beaucoup. Ce
» fut à cette époque précise que j'ai éprouvé
» le *sommeil ambuliste*. Le *vingt-cinq* sui-
» vant, j'ai *prédit* que je rendrois un *abcès*
» qui étoit attaché à *la rate*, le *vingt-huit*, *à*
» *huit heures précises du soir.*

» Et le *vingt-huit*, M. le marquis m'inter-
» rogeant sur ma situation, je lui ai répondu
» affirmativement, que *le trente*, entre *huit*
» *et neuf heures du soir*, je rendrois une *vo-*
» *mique* ; que je craignois de renouveler un
» effort qui avoit déjà paru, mais qui étoit
» passé définitivement ; que d'après, il m'en
» resteroit une autre, le dernier, mais que je
» la *cracherois en forme de pus* ; que les
» douleurs de nerfs me resteroient et ne se
» passeroient qu'à la longue du temps. *Je dis*
» *et assure* que tous ces effets ont eu lieu,
» ainsi que je l'ai indiqué.

» J'avoue que, revenu à moi-même et
» croyant être débarrassé de mes ennemis, ne
» doutant pas avoir quelque retour, je me suis
» appliqué, pendant cinq nuits et six jours, à
» une occupation contraire à mon état ; je fus
» obligé de revenir au traitement le *huit no-*

» *vembre dernier*. J'avoue que, depuis ce
» temps jusqu'aujourd'hui *seize* du même
» mois, *six heures et demie du matin*, je
» n'ai pu déposer affirmativement en quel
» temps je rendrois le *dépôt* que j'ai actuel-
» lement au *pilore* de l'estomac; mais de pré-
» sent, *je dis* que le *DIX-SEPT*, entre *neuf*
» *et dix heures du soir*, j'en rendrai la plus
» forte partie par évacuation; que, si j'ai le
» bonheur de *vomir*, le surplus restant partira
» aussitôt; néanmoins, qu'à faute de ce, *je*
» *cracherai le pus*, et que peu à peu je serai
» débarrassé de cet ennemi funeste. Il seroit
» nécessaire, pour mon bien, que je fusse
» dans la *position actuelle* depuis l'évacuation
» jusqu'au lendemain, que je sois *BEAUCOUP*
» *touché* ce jour-là, soit par une *crise*, ou
» autres qui en auront le pouvoir : il faudroit
» aussi, de toute nécessité, que je prenne
» ledit jour *dix-sept dudit*, *deux onces*
» ou *environ de crême de tartre*, dont on
» pourroit y joindre une *demi-once de sucre*;
» prendre cela *le matin*, avec quelques *bouil-*
» *lons aux herbes* : si j'eusse été *plus long-*
» *temps dans les crises*, je n'aurois aucune-
» ment besoin de ceci.

» Il me restera toujours des foiblesses de

» nerfs , qui seront occasionnées par *les vents*,
» mais sans inconvéniens : je vivrai plus tran-
» quille que je n'ai fait depuis quatre ans : ma
» guérison radicale sera pour *le printemps*
» *prochain* : je pourrai, en attendant, mar-
» cher et même travailler un peu sans crainte.
» *Je pose en fait et dis* que je regarde ma
» guérison comme déjà venue.

 » *Je répète* et *je dis* que, par *la vue* et
» *sensation que je possède actuellement,*
» *je peux distinguer les maux internes,*
» de même *que les externes,* et par-là *juger,*
» *prononcer,* et *obvier* immédiatement, non
» pas comme *ces docteurs* qui donnent des
» *ordonnances* après qu'ils se sont instruits,
» et souvent très-mal, par les dépositions
» qu'ils se font rendre par les malades : il n'en
» est pas de même dans l'état où je suis, je
» peux définir tout, et conclure de même . .

. . . .
. . . .

 » C'est en conséquence de ce fait, que *j'ai*
» *écrit* ceci *dans mon lit, en crise magné-*
» *tique,* cejourd'hui 16 *novembre* 1784.

» Signé VILLET ».

J'envoyai le tout dans la matinée à M. Rigault, *notaire royal* à *Soissons,* après l'avoir

fait lire à toutes les personnes qui ont signé la déclaration qu'on trouvera ci - après ; et je ne REMIS *Viélet* dans l'*état naturel* qu'après que ces mêmes témoins l'eurent *vu* et *questionné* dans l'état magnétique. Je fis prier aussi M. *Rigault* de se rendre à *Buzancy* le lendemain, pour être témoin de l'accomplissement de la *prédiction*.

Le *mercredi*, à dix heures moins un quart, *Viélet* étant dans *l'état magnétique*, après des coliques affreuses et des spasmes répétés, pendant lesquels il perdoit la respiration quelquefois pendant plus de cinq minutes, il eut enfin *l'évacuation* qu'il avoit annoncée, après laquelle succéda une foiblesse très - grande. Revenu à lui, je le croyois tout à fait débarrassé ; mais il me dit que, n'ayant pas eu le bonheur de *vomir*, la poche de *son dépôt*, qui devoit sortir par cette voie, s'étoit arrêtée au passage. Si mes nerfs n'étoient pas aussi fatigués, me dit-il, je prendrois à présent de l'*ipécacuanha*, mais il faut, malgré moi, attendre jusqu'à demain. Il passa la nuit dans *l'état magnétique*, et le lendemain il prit, *par son ordonnance*, *treize grains d'ipécacuanha*, qui n'opérèrent pas l'effet qu'il en attendoit.

Il est resté ainsi souffrant plus de *huit jours*:

lorsqu'il étoit dans l'*état magnétique*, et qu'il s'opéroit en lui un travail salutaire, il éprouvoit des spasmes fort longs : il *voyoit*, disoit-il, *cette poche* attachée à ses nerfs, comme *une membrane mince et déliée*, qui adhéroit fortement. Il avoit souvent des coliques nerveuses qui le faisoient souffrir considérablement ; enfin, devenu inquiet lui-même de son état, il me dit un jour, étant *en crise magnétique*, qu'il vouloit consulter sur sa situation avec *Cathérine Montenecourt*, et qu'il falloit que j'en fusse témoin, afin de pouvoir exécuter ce qu'ils jugeroient ensemble être nécessaire.

Je les mis donc ensemble *en consultation* : rien n'étoit plus intéressant que cette *conversation* ; tous les deux (dans l'état *de somnambulisme*) *se questionnant, se montrant les parties intérieures de leurs corps*, et *s'indiquant* les effets qui s'opéroient en eux ; puis passer de là aux *ordonnances* des moyens propres à les soulager et à avancer leur guérison.

Enfin il fut ordonné *à Viélet*, par *Cathérine*, de se mettre tous les soirs des *cataplasmes* sur le *ventre*, composés avec de la *mauve* et de la *guimauve*, la *pariétaire* et un *poireau* (*) ; et de prendre, avec l'infusion de ces mêmes plantes, des *lavemens* soir et matin ; il lui fut confirmé que la foiblesse de ses nerfs avoit été la seule cause de ce que, le jour de l'évacuation, la *poche du dépôt* n'étoit pas sortie par le *haut* ; et elle lui ajouta, que tout l'hiver il souffriroit du *creux de l'estomac*, mais qu'au *printemps* il seroit bien rétabli. De retour dans l'*état naturel*, je leur montrai le résultat de leur *consultation*, dont ils n'avoient pas la moindre idée ni l'un ni l'autre, et je chargeai *Catherine* du soin de la mettre à exécution.

Pendant huit jours elle fut suivie par *Viélet*, qui peu à peu rendit des parcelles de *sa poche* (comme il me l'avoit aussi annoncé d'avance). Le *samedi vingt-sept*, il fut purgé *par ordonnance de Catherine*, et ne prit point de *lavemens* ; le dimanche, après le lavement du matin, il rendit encore une *parcelle de la poche*. Catherine fit cesser les *cataplasmes*,

---

(*) Elle dénommoit dans son langage ces diverses herbes : la mauve étoit du *fromageon*, et la pariétaire, la *putrelle*.

et retrancha le *poireau* et la pariétaire de ses lavemens, pour y substituer du *beurre*. Dans les momens de *crises*, ses nerfs éprouvoient de violentes contractions : cet état violent ne cessoit que pour être remplacé par un spasme qui duroit plus ou moins long-temps. Enfin lui-même perdoit quelquefois courage, et moi-même *ai tremblé* plus de vingt fois de le voir expirer : chaque matin il m'annonçoit les accès violens qu'il devoit ressentir, soit dans la nuit ou dans la journée, et je ne le quittois pas dans ces momens.

Le mardi 30, il eut, *à quatre heures et demie*, une *convulsion* encore plus forte que les précédentes, dans laquelle il resta plus d'une demi-heure, l'estomac tendu et *la tête joignant presque les pieds :* tous ses membres étoient retirés ; ensuite il eut des mouvemens si violens, *que quatre personnes ne pouvoient le contenir ;* un froid glacial et un spasme fort long succédèrent à cet horrible état, après lequel (*étant dans l'état magnétique*) il me dit que ses souffrances passées venoient encore d'opérer chez lui le *détachement* d'une forte partie restante de *sa poche ;* mais qu'il y en avoit encore une *dernière partie*, qui, pour se *détacher*, alloit lui causer plusieurs accès de *convulsions* aussi forts que le dernier. En effet, il en eut encore trois pareils *jusqu'à six heures et demie ;* alors il perdit la parole : revenu plus calme (et toujours dans l'état magnétique), il fit signe de vouloir *écrire ;* je lui fis donner ce qu'il désiroit, et il écrivit : « qu'à *huit* » *heures et demie* il *recouvreroit la parole* , » et qu'à *neuf heures* il auroit son *dernier* » *accès* , après lequel, s'il pouvoit le suppor- » ter, il seroit totalement dégagé ».

Pendant cet intervalle , il éprouva plusieurs spasmes sans convulsions.

Effectivement , *à neuf heures* , comme il l'avoit prédit , le dernier accès commença : il fut d'une violence extrême, et dura près d'une demi-heure sans relâche ; le plus grand abattement succéda ensuite : vers dix heures et demie, je voulus le *remettre dans l'état naturel ;* mais son extrême foiblesse m'en dissuada : *à onze heures* , le voyant un peu plus fort, je lui demandai de ses nouvelles. . . . Il vouloit répondre, et ne le pouvoit pas. . . . Enfin, rassemblant ses forces, il me prit la main, et ne put qu'articuler : « Ah ! Monsieur, quelle re- » connoissance ! . . . quel bonheur pour moi » ! et les larmes le venoient suffoquer de nouveau . . . chaque fois qu'il vouloit me parler. . , le sentiment lui coupoit la parole.... Cette scène attendrissante, faite pour être appréciée par toutes les âmes sensibles, me reposa bien de toute la fatigue de la journée. Il falloit pourtant lui faire prendre quelque nourriture ; je tâchai, en conséquence, après l'avoir fait sortir de la *chambre du traitement*, de le calmer le mieux que je pus ; après quoi, je le *remis dans l'état naturel* ; c'étoit d'ailleurs à peu près l'heure où il m'avoit dit d'avance de l'y faire revenir.

La démarcation qui existe entre ces deux états, me faisoit espérer de le voir plus tranquille ; mais, dans cette occasion, l'émotion forte de son âme se manifesta tout aussi vivement : aussitôt qu'il eut ouvert les yeux et qu'il m'eut aperçu, il tomba en foiblesse, après avoir fait un effort inutile pour me parler ; s'il revenoit un moment à lui, c'étoit pour s'écrier : « Ma femme... mes enfans... quel bonheur » pour moi » ! Une autre fois, s'il ne pouvoit parler, il faisoit des gestes qui, par l'expression de sensibilité qu'il y mettoit, n'en étoient pas moins déchirans. Sitôt qu'il put parler, ce fut pour me dire que son cœur étoit trop agité, qu'il ne pouvoit exister de la sorte, qu'il me prioit de le *remettre en crise*.

Le sentiment de bonheur et de reconnoissance qui l'animoit, étoit en effet trop fort pour
la foiblesse de ses nerfs, et je le *remis dans
l'état magnétique* ; ensuite j'obtins de lui de
prendre un bouillon, et je lui fis écrire : *Je suis
guéri aujourd'hui mardi 30 novembre 1784*,
signé *Viélet*. Il passa la nuit dans cet état,
avec ORDRE *d'en sortir à sept heures*, pour
prendre un lavement. Le lendemain, à *neuf
heures*, je sus qu'il avoit fait ce dont nous
étions convenus *la veille*, et que le reste de
sa poche étoit sorti : il fut d'une foiblesse très-
grande toute la journée ; je ne pus lui parler
sans le voir s'attendrir. Son cœur étoit saisi de
joie, disoit-il, chaque fois qu'il me voyoit. Du
reste, ses nerfs le faisoient beaucoup souffrir :
deux fois dans la journée, je lui *fis* passer deux
heures dans *l'état magnétique*, pendant lequel état il me confirma sa guérison, et me
répéta que ce ne seroit qu'*au printemps* que
ses souffrances de nerfs cesseroient. *Le jeudi
2 décembre*, il étoit un peu plus calme, et je
pus, dans la matinée, lui montrer la certitude
de sa guérison *écrite de sa main* ; ce qui lui
causa une nouvelle révolution dont je ne pus le
tirer que par le passage à *l'état magnétique*.
Il est resté deux jours encore chez moi pour se

reposer, et est reparti *le 5 décembre* pour retourner chez lui.

Je ne veux faire aucune réflexion sur le détail qu'on vient de lire : toutes les âmes honnêtes et sensibles sentiront mieux que je ne pourrois exprimer. Je veux seulement ajouter à leurs jouissances, en leur disant que cet honnête homme, à qui le *magnétisme animal* vient de rendre la santé, avoit, depuis quatre années, dépensé tout son bien pour obtenir du soulagement, et qu'au bout de ce temps, accablé de chagrin, par le sort affreux de sa famille qu'il avoit ruinée, et se voyant plus malade qu'auparavant, il n'avoit d'autre perspective de la fin de ses maux, que la mort la plus prompte : cet homme, par son intelligence, une écriture belle et correcte, est à même d'être employé utilement. Puissent les personnes à portée de le connoître lui procurer les moyens de subsister par son travail !

« *Je soussigné*, prieur-curé de la paroisse
» d'*Espiés*, près *Mont-Saint-Père*, CERTIFIE
» que le nommé *Philippe-Hubert Viélet*, de
» ma paroisse, professe la religion catholique,
» apostolique et romaine, qu'il est de bonne
» vie et de bonnes mœurs ; JE CERTIFIE en
» outre qu'il est malade depuis long-temps, et

» que *le seize du mois d'août* 1780 est l'é-
» poque précise du commencement de sa ma-
» ladie, ainsi qu'il me l'a déclaré ; qu'il a
» cherché sa guérison auprès de plusieurs *doc-*
» *teurs en médecine et chirurgiens* ; qu'il a
» été traité par M. *le curé de Chamilly,*
» par le *frère* chirurgien de *la Charité* de
» *Château-Thierry,* M. *le chirurgien-major*
» du régiment d'*Esterhazy,* M. *Dinot,* mé-
» decin à Château - Thierry ; M. *Guérin,*
» médecin de *Triport* ; M. *Soyeux,* médecin
» à Coincy ; M. *Michel,* chirurgien de Mont-
» Saint-Père ; M. *Veulin,* chirurgien de Jaul-
» gonne ; M. *Lausart,* chirurgien à l'Hui ; par
» M. *Duchanoy, médecin de la FACULTÉ*
» *DE PARIS* ; par un autre médecin d'*Eper-*
» *nay,* dont il ignore le nom, et M. *Petit,*
» de Soissons : qu'il a exactement suivi le
» régime prescrit par tous ces *messieurs,* sans
» en avoir ressenti beaucoup de soulagement.
» Fait à *Espiés, le six novembre mil sept*
» *cent quatre-vingt-quatre.* Signé *CAFLISH,*
» prieur-curé d'Espiés ».

Différentes consultations sur la maladie ci-dessus.

UNE personne âgée de trente-quatre ans, a été prise d'étouffemens et même de suffocation ; les *rafraîchissans* l'ont soulagée. Ensuite, après des travaux et de grandes chaleurs, il est survenu un *grand mal de gorge*, pour lequel on a employé les *vomitifs et purgatifs :* la *saignée* a aigri le mal ; puis sont venus des *maux d'estomac, de poitrine, douleur entre les épaules*, et à la suite *une toux sèche*, quelquefois accompagnée de *crachemens de sang :* on a fait beaucoup de remèdes qui ont très-peu soulagé. *Constipation depuis un an.*

L'état actuel de la personne est celui-ci : Une espèce de *rhume* accompagné de *douleurs vives* dans les *côtés* et les *épaules*, avec beaucoup de *vents ;* un bouillonnement dans la poitrine, ce qui approche assez du *râle*, parce qu'on entend : la *gorge est cuisante ;* il y a *tintement d'oreilles*, *vertiges*, la *respiration est gênée*, la *bouche est sèche ; douleurs vagues quelquefois dans le ventre, maux de tête et étourdissemens.*

Le fond de cette affaire me semble le produit des affections vaporeuses auxquelles donnent si souvent lieu les *peines*, les *soucis*, les *chagrins* et les *idées creuses*. Le mal est une espèce d'*asthme* continu ; et tous les accidens dont se plaint la personne, me semblent venir, et de l'état *spasmodique* de tout l'individu, et de l'oppression de la poitrine.

Voici ce qne je conseillerai de faire :

1°. *Un cautère* volant au bras, avec une bonne suppuration, pour détourner de la poitrine les humeurs que la douleur et la gêne y appellent.

2°. Boire tous les jours une pinte de tisane faite avec une cuillerée d'orge perlé, les fleurs de *mélilot*, de *tilleul*, et la *réglisse*.

3°. Prendre *les bains tièdes* jusqu'à la ceinture seulement, s'il est possible.

4°. Pour déjeûner et pour souper, *du lait avec du pain*.

5°. Et quatre fois le jour, à des distances égales, prendre un paquet de poudre faite avec un quart de *grain de kermès* bien mêlé avec quatre grains d'*iris de Florence* en poudre, et la poudre de réglisse à volonté. Signé *Duchanoy, docteur-médecin de la faculté de Paris*.

Autre.

La cause première de la maladie étoit une transpiration arrêtée, qui a dégénéré en véritable *inflammation de poitrine*; et par le mauvais traitement qu'on a administré, a fait dégénérer l'inflammation en *vomique* ou abcès aux poumons; ce qui est prouvé par le *crachement de pus* mêlé de sang : l'*abcès* se renouvelle de temps en temps. C'est alors que le malade doit se ressentir de tous les symptômes dont il fait mention; à cela s'est joint encore une affection asthmatique qui gêne la respiration.

Pour soulager le malade de ses maux, je conseille qu'il fasse usage d'une *tisane d'orge miellée; dans chaque pinte, on y mettra deux gros d'oxymel scillitique.* Outre la tisane, il fera usage des pilules suivantes, en en prenant une le matin et une le soir en se couchant.

Prenez *cloportes préparés, une demi-once; racine d'iris de Florence, gomme ammoniaque, de chaque deux gros; fleurs benjoin, un gros; térébenthine de Venise, une* demi-once ; *sirop balsamique* , autant qu'il faut pour former une masse : faites *des pilules à dix grains chaque.*

Le malade se nourrira de laitage et des *farineux* , observant cependant que si le malade a *une fièvre lente* , il ne prendra point de laitage. Signé *JUMILTHER.*

AUTRE.

Maladie à consulter.

Une personne , âgée de trente-quatre ans, a été prise d'étouffemens, et même de suffocation , et les rafraîchissans ont soulagé : ensuite , après des travaux et de grandes chaleurs, il est survenu un grand mal de gorge , pour lequel on a employé les vomitifs et les purgatifs ; la saignée a aigri le mal , et l'a fixé , avec maux d'estomac et de poitrine ; puis douleur et resserrement entre les épaules ; puis , à la suite , une toux sèche , et , de temps à autre , quelques crachemens de sang : on a fait beaucoup de remèdes qui ont très-peu soulagé. Constipation depuis vingt mois.

L'état actuel de la personne est celui-ci :

Une espèce de rhume accompagné de douleurs chaudes dans l'estomac et la poitrine, avec beaucoup de vents ; un bouillonnement dans la poitrine, ce qui approche assez du râle ; la gorge est cuisante ; il y a tintement d'oreilles, vertiges, respiration gênée, bouche sèche ; douleurs vagues quelquefois dans le ventre, maux de tête, étourdissemens, etc.

Le malade prendra tous les jours au matin, en se levant, d'abord *une demi-tablette de soufre*, et ensuite une tablette entière, si la demi-tablette ne tient pas le ventre libre ; par-dessus cette tablette de soufre, il avalera deux gobelets de lait coupé, de la manière suivante :

Dans un grand demi-setier d'eau bouillante, on y mettra bouillir *deux pincées d'avoine, lavée* auparavant dans l'eau chaude ; plein une cuiller à café de miel blanc, qu'on fera bouillir jusqu'à réduction à moitié ; on y ajoutera sur la fin une pincée *de fleurs de sureau, et une* ou *deux fleurs de camomille* romaine ; on passera cette décoction, qu'on coupera avec autant de lait de vache, pour être partagée en deux gobelets, dont on prendra le premier en mangeant ou après avoir mangé la tablette, et le second, demi-heure après le premier.

On continuera ce régime pendant long-temps.

Ordonnance de M. Petit, médecin à Soissons.

Acte de notoriété du 18 novembre 1784.

CEJOURD'HUI *dix-huit novembre mil sept cent quatre-vingt-quatre,* avant midi ;

Pardevant le notaire du roi, résidant à Soissons, soussigné en présence des témoins ci-après nommés ;

Sont comparus M. Louis-Claude de Saint-Martin, ancien officier au régiment de Foix, demeurant ordinairement à Paris, de présent au château de Buzancy, près Soissons ;

Sieur Jean-Jacques Boileau, peintre, demeurant aussi ordinairement à Paris, de présent audit Buzancy ;

Sieur Louis-Emmanuel Hivart, brigadier des

fermes du roi, demeurant à Soissons, actuellement audit Buzancy ;

François Ribault, Jean Chervie, et Pierre Garré, tous trois garçons majeurs, demeurant au château dudit Buzancy :

Lesquels ont déclaré, certifié et attesté pour vérité, que le nommé *Philippe - Hubert Viélet*, ancien garde - chasse, *et maître d'école* de la paroisse d'*Espiés*, près *Château-Thierry*, demeurant audit *Espiés*, actuellement au château dudit *Buzancy*, *le jour d'hier dix - sept* du présent mois de novembre, à *neuf heures trois quarts* du soir, a RENDU *le dépôt* par évacuation de bas, qu'il avoit annoncé par son écrit daté *du seize dudit présent mois :* ledit écrit, et un certificat y joint, déposés à Me Rigault, notaire soussigné, présence des témoins y dénommés, ledit jour, et *contrôlés*.

De laquelle *déclaration* lesdits sieurs COM-PARANS en ont requis acte audit notaire soussigné, présens lesdits témoins, à eux octroyé, pour servir et valoir à qui il appartiendra, en temps et lieux, ce que de raison. Fait et passé au *château dudit Buzancy*, en une salle

basse, ayant deux croisées sur la cour, pardevant moi notaire soussigné, en présence
d'*Antoine Poltron*, jardinier, et de *Louis
Burguet*, maréchal - ferrant, tous deux demeurant audit *Buzancy*, témoins à ce appelés
et mandés, l'an et jour susdits, et ont signé,
sauf ledit Pierre *Garré*, qui a déclaré ne savoir
écrire ni signer, de ce interpellé : à la minute
des présentes, demeurée à M⁰ Rigault, notaire,
et contrôlée à Soissons, le 18 novembre 1784,
par Tapin, qui a reçu quinze sous.

Signé RIGAULT.

Acte de dépôt du 18 *novembre* 1784,
*à la réquisition de Philippe - Hubert
Viélet.*

CEJOURD'HUI *dix - huit novembre mil sept
cent quatre - vingt - quatre*, avant midi ;

LE NOTAIRE du roi, résidant à Soissons,
soussigné, étant ledit jour au *château de Buzancy*, près Soissons, auroit été mandé par
Philippe - Hubert Viélet, ancien garde-chasse
et *maître d'école*, demeurant à *Espiés*, près
Château - Thierry, de présent audit château
de Buzancy, pour constater la guérison d'une

maladie dont il est attaqué *depuis quatre ans.*

Lequel désirant faire *le dépôt* d'un écrit par lui fait de sa main et signé de lui, et d'un certificat attestant ledit écrit ; pourquoi il a requis Me Rigault, notaire soussigné, assisté et en présence des témoins ci-après nommés, d'annexer et déposer au nombre de ses minutes, ledit écrit signé dudit *Viélet*, daté du 16 novembre présent mois, contenant deux pages, commençant par ces mots *Rapport*, et finissant par ces mots : *C'est en conséquence de ce fait que j'ai écrit ceci, étant dans mon lit, en crise magnétique, cejourd'hui* 16 *novembre* 1784, *et signé enfin Viélet, avec paraphe ;* observant qu'à la treizième ligne de la première page, se trouve écrit, entre la ligne douzième et celle treizième, le mot *ma ;* qu'à la quatorzième, il y a un renvoi en marge, où sont écrits ces mots, *produit par les travaux et les chagrins :* à la ligne vingt-cinq, au renvoi entre lignes, portant ces mots, *avec affection hypocondre*, et à la ligne trente-quatre de la susdite première page, se trouve ajouté entre lignes ces mots, *ce dernier ;* qu'à la ligne vingt-cinq de la seconde page, moitié de la ligne barrée, et la vingt-sixième ligne, le quart de ladite ligne est aussi barré : ledit certificat écrit sur la première page d'une feuille de papier commun, contenant dix-neuf lignes et cinq mots, sans aucunes ratures ni renvois, commençant par ces mots :

Nous soussignés, reconnoissons avoir lu, dans la matinée, aujourd'hui seize novembre 1784, un écrit signé Viélet, daté du 16 dudit jour, contenant deux pages, et finissant par ces mots : au château de Buzancy, chez M. le marquis de Puységur, le 16 novembre 1784, signé enfin Mignot, Chartraire de Bourbonne, comtesse d'Avaux ; le marquis de Puységur, comte Maxime de Puységur, Sainte-James, marquise de Puységur ; Saint-Martin, Boileau, Moreau, ancien curé de Buzancy, Duval, curé de Buzancy, et Chevalier, fermier à Buzancy.

Ledit écrit et ledit certificat contrôlés audit Soissons, cejourd'hui, par Tapin, après avoir été dudit Viélet certifiés véritables, et, à sa réquisition, cotés, signés et paraphés, en toutes les pages, des notaires et témoins soussignés ; duquel dépôt il en a requis acte, à lui octroyé, pour lui servir et valoir, et à qui il appartiendra, en temps et lieux, ce que de raison. Fait et passé au château dudit Buzancy, en une salle basse ayant deux croisées sur la cour, pardevant moi notaire soussigné, et lesdits sieurs témoins, à la minute demeurée à Me Rigault, notaire, et contrôlée à Soissons, ledit jour 18 novembre 1784, par Tapin, qui a reçu quinze sous.

Vient ensuite l'acte de Viélet, signé de lui, avec paraphe, contrôlé audit Soissons, le 18 novembre 1784, par Tapin, qui a reçu quinze sous.

Certifié véritable par ledit Philippe-Hubert Viélet, au désir de l'acte de dépôt reçu par le notaire du roi résidant à Soissons, soussigné, en présence des sieurs témoins y dénommés, cejourd'hui dix-huit novembre 1784. Signé *Viélet*, avec paraphe, *Saint-Martin*, *Boileau et Rigault*, avec paraphes.

Nous soussignés, reconnoissons avoir lu, dans la matinée aujourd'hui *seize novembre mil sept cent quatre-vingt-quatre*, un écrit signé *Viélet*, daté *du* 16 dudit mois, contenant deux pages, dans lequel cet homme déclare qu'il n'a pu, jusqu'au moment où il écrit, 16 du même mois, *six heures et demie du matin*, *déposer* affirmativement en quel temps il rendroit le *dépôt* qu'il a actuellement au *pilore de l'estomac*; mais annonce que *demain* 17, entre *neuf et dix heures du soir*, il en rendra la plus forte partie par évacuation; que s'il a le bonheur de *vomir*, le surplus partira aussitôt : dans le même écrit, cet homme rend compte des diverses *sensations* qu'il a éprouvées et qu'il éprouve dans *l'état de crise magnétique* où il a passé la nuit, et où il est encore dans l'état présent, *comme chacun de nous l'A VU* avant de *signer*. CERTIFIONS en outre, que le nommé *Malaisé*, qui a couché dans sa chambre, a assuré l'avoir *entendu ÉCRIRE* deux heures avant le jour, *et le tout sans lumière*.

Au château de Buzancy, chez M. le marquis *de Puységur*, *le* 16 *novembre mil sept cent quatre-vingt-quatre*. Signé *Mignot*, *Chartraire de Bourbonne*, *comtesse d'Avaux*; *le marquis de Puységur*, *comte Maxime de Puységur*, *Sainte-James*, *marquise de Puységur*; *Saint-Martin*, *Boileau*, *Moreau*, ancien curé de *Buzancy*; *Duval*, curé de *Buzancy*, et *Chevalier*, fermier à *Buzancy*. Contrôlé à Soissons, le 8 novembre 1784, par Tapin, qui a reçu quinze sous.

Certifié véritable par ledit *Philippe-Hubert Viélet*, au désir de l'acte de dépôt reçu par le notaire du roi, résidant à *Soissons*, soussigné, en présence des sieurs témoins y dénommés, cejourd'hui 18 novembre 1784. Signé *Viélet*, avec paraphe; *Saint-Martin*, *Boileau*, et *Rigault*, avec paraphes.

Nota. Comme on auroit pu douter que la déclaration de *Viélet* eût été déposée chez le notaire avant l'accomplissement de la prédiction qui s'y trouve énoncée, je me suis procuré le certificat suivant, qui prévient cette difficulté.

« Nous Antoine *Rigault*, notaire royal à Soissons, *certifie* et atteste pour vérité, que le *seize novembre*, *à une heure et demie de relevée*, M. le comte *Maxime de Puységur*, accompagné de M⁵ *Michel-Samson Fabus*, procureur ès siéges royaux de Soissons, y demeurant, m'a remis, en mon étude, l'*original* de l'écrit du nommé *Philippe-Hubert Viélet*, ancien garde-chasse et maître d'école d'Espiés, près *Château-Thierry*, daté dudit jour *seize novembre* mil sept cent quatre-vingt-quatre, et signé enfin *Viélet*;

K

auquel écrit étoit joint le certificat attestant ledit écrit daté dudit jour *seize novembre*; que l'intention de mondit seigneur comte *Maxime de Puységur*, étoit que ledit écrit, ainsi que ledit certificat, me soient déposés, et qu'il en soit par moi dressé un acte. Mais qu'après en avoir conféré, présent ledit Me Fabus, tous trois d'un avis commun, il a été différé de ne faire le dépôt desdites deux pièces qu'après la *prédiction* énoncée audit écrit, arrivée, et c'est en conséquence que je me suis transporté au château de *Buzancy*, chez M. le *marquis de Puységur*, le dix-sept dans l'après-dînée, que la prédiction étant arrivée, j'ai, le lendemain DIX-HUIT, *huit heures du matin*, fait lecture audit *Viélet*, de son écrit et dudit certificat, qu'ayant reconnu son écriture, il m'auroit requis l'acte de dépôt fait et passé pardevant moi, en présence des témoins y dénommés, ledit jour *dix-huit novembre* mil sept cent quatre-vingt-quatre, contrôlé à Soissons, ledit jour, par Tapin; desquels actes de dépôt, écrit et certificat, j'en ai délivré expédition ».

« Délivré par moi soussigné, le présent cer-

» tificat, pour servir et valoir ce qu'il appar-
» tiendra ès temps et lieux, ce que de raison.
» A Soissons, le cinq janvier mil sept cent quatre-
» vingt-cinq ; *signé* RIGAULT ».

Nous soussignés, prieur-curé et principaux habitans de la paroisse d'Espiés, diocèse de Soissons, certifions que le sieur Viélet, malade depuis très-long-temps, nous a déclaré qu'il se portoit infiniment mieux depuis que M. le marquis de Puységur avoit eu la bonté d'entreprendre sa guérison, et qu'effectivement son visage annonce que si sa santé n'est pas encore parfaitement rétablie, elle est au moins beaucoup meilleure que par le passé ; en foi de quoi nous avons signé à Espiés, le 1er. janvier mil sept cent quatre-vingt-cinq ; *signé* CAFLISH, prieur d'Espiés ; Givry, Jean-Jacques Givry, Jacques Atreh, de Ligny, notaire ; Robillard, Mettiviez, Denis Demonus, Laurent Laplante, Pierre Allard, Lambouvet, syndic ; de Hu, Baronnat.

Nous, principaux habitans, certifions en outre que, pendant l'espace de quatre ans et plus, que ledit Viélet a été attaqué de cette maladie, il a souffert des maux considérables, qu'aucun médecin et chirurgien ne lui ont pu retirer , et l'ont laissé dans l'hectisie ; cependant, après l'avoir tous traité fort long-temps ; ne pouvant plus vaquer à aucune affaire , si ce n'est depuis le traitement que lui a fait M. le marquis de Puységur , où il est de retour depuis le 6 décembre dernier , où il nous paroît avoir la liberté du corps et sa marche plus libre ; ce que nous certifions véritable , ledit jour premier janvier mil sept cent quatre-vingt-cinq ; et *ont signé* , de Ligny , notaire ; de Hu , de Ligny le jeune , Lanbourt , syndic ; Baronnat , Alleire , Jacques Atrel , Boileau , Denis Demées , Poreau - Joffet , Mettiviez , Jean Mettiviez , Vendeuilly , Lefèvre , Philippe Metad , Lambert Robillard , Pierre Mettiviez , Givry , Jean-Jacques Givry , Victor , Helot.

Cure de maux d'estomac causés par des suppressions habituelles *depuis l'âge de treize ans , et d'*abcès aux poumons.

La nommée *Catherine Montenecourt,* âgée de *vingt-sept ans ,* cuisinière chez mademoiselle *Mignot*, à *Beleu*, près Soissons, est arrivée à mon traitement le 28 *octobre* 1784. La crainte qu'elle avoit de devenir en *crises magnétiques*, l'avoit empêchée depuis long-temps de venir à *Buzancy*. J'ai commencé par la faire *consulter* un malade *en crise*; il lui a été dit qu'elle avoit *l'estomac abîmé* par les *remèdes* et les *drogues* qu'on lui avoit fait prendre; qu'il étoit temps de les cesser entièrement, si elle ne vouloit pas succomber avant peu; il lui fut dit ensuite des particularités si vraies sur son état, que cette fille ne balança pas un moment à se mettre autour du *réservoir magnétique*. Dès le lendemain, elle commença à éprouver des effets apparens, et le surlendemain elle eut des *crises magnétiques*: elle ne restoit pas d'abord long-temps dans l'état *de somnambulisme*; il me falloit l'empêcher de se frotter les yeux, sans quoi elle *se réveilloit* malgré moi; peu à peu *ses crises* s'alongèrent, et enfin elles devinrent de nature à se trouver assez éclairée sur son état pour m'en *apprendre* des *détails*.

Le 30, elle m'annonça *pour le premier du mois de novembre* une évacuation considérable d'*humeurs* et de *sang*; savoir, à *sept heures du soir*, un VOMISSEMENT, et à *dix heures*, une *évacuation sanguine* si forte, qu'elle se trouveroit très-foible, mais qu'il ne falloit pas s'en inquiéter, et lui donner seulement *un verre d'eau* et de *sucre*. Je fis prévenir mademoiselle *Mignot*, chez qui elle s'en retournoit tous les soirs, de ces *prédictions*, qui se sont accomplies à la lettre comme elles avoient été annoncées.

Le *mercredi* 3, elle m'annonça encore *une perte de sang* pour *le vendredi 5 à neuf heures du soir*; j'en prévins de même sa maîtresse, qui, ne doutant pas que cette *prédiction* n'eût lieu comme la précédente, me pria de garder la malade chez moi, afin d'être à portée de la soulager dans ses souffrances. (*Voyez* le certificat ci-après.)

Le *vendredi* 5, je la fis se coucher en *crise magnétique* : à neuf heures elle commença à cracher du sang, comme elle l'avoit annoncé, mais en fort petite quantité : je la voyois beaucoup souffrir, et faire des efforts inutiles; je lui en demandai la raison : elle me répondit qu'il s'opéroit un changement en elle, que le sang prenoit *un autre cours*, et que le lendemain elle iroit à la garde-robe, courroit presque toute la journée : elle me déclara ensuite qu'elle avoit été *saignée* dans un temps contraire, il y avoit deux mois, et *purgée* ; que cette *saignée* et cette *purgation* n'avoient produit que de mauvais effets; et que ce seroit cette *médecine* qu'elle rendroit le lendemain.

Le 6, sa PRÉDICTION de la *veille* eut si complètement son effet, que je ne pus lui ôter de la tête qu'elle avoit été *purgée* sans le savoir.

Le *soir*, elle m'annonça qu'elle *découvroit* en elle un mal qu'elle n'avoit pas encore *vu*, et qui la chagrinoit beaucoup ; elle étoit bien fâchée, disoit-elle, d'être venue chez moi, pour *voir* de si vilaines choses qu'elle auroit ignorées toute sa vie; elle pleuroit et se désoloit ; je lui en demandai la cause : elle me répondit qu'elle voyoit ses *poumons attaqués* ; que je pourrois guérir son *estomac*, mais que pour ses *abcès aux poumons*, cela lui paroissoit impossible : je la tranquillisai le mieux que je pus, et heureusement pour elle que, revenue dans l'état naturel, elle ne se ressouvenoit pas de ce qu'elle m'avoit dit.

Cependant, *le mercredi matin* 10, son estomac étoit tout à fait débarrassé, et le *jeudi* elle m'assura qu'elle étoit totalement *guérie*.

Son mal aux *poumons* ne l'effrayoit plus tant ; elle me disoit dans ses *crises magnétiques*, que les embarras qu'elle y voyoit pourroient bien se détacher, et qu'elle *cracheroit* peut-être son *abcès* tout entier, si elle restoit encore une *huitaine* au traitement.

Le *jeudi matin* 11, elle eut si peur des cris affreux que faisoit une autre malade (celle dont la cure suit celle-ci), qu'elle en eut une révolution de bile ; je la fis *rester en crise* presque toute la journée, et le soir, après des évacuations nécessaires, elle fut de nouveau guérie.

Son estomac depuis va bien ; elle n'en souffre plus du tout.

Les *vendredi*, *samedi et dimanche*, elle a *craché* beaucoup de *pus* dans l'état naturel ; elle étoit fort inquiète, et une fois *en crise*, elle me disoit que son mal s'en alloit entièrement, et que bientôt elle auroit *les poumons* aussi sains que l'*estomac*.

Toutes les nuits je la faisois dormir *en crise magnétique*, le dégagement de ses poumons s'en opéroit plus facilement ; tous les matins elle voyoit sa cuvette ou son mouchoir rempli de *ses crachats*, sans avoir le souvenir des souffrances qu'elle avoit dû éprouver pour les rendre.

Enfin le *jeudi* 18, elle me dit qu'il ne lui falloit plus qu'*une nuit* pour être parfaitement bien.

Le *vendredi*, dans sa crise, elle me confirma sa guérison, m'ajouta que non-seulement elle ne voyoit plus rien en elle, mais que même elle n'y voyoit plus pour se conduire, au point qu'elle me prioit de *lui ouvrir les yeux*, sans quoi elle risqueroit de se heurter contre tout ce qu'elle rencontreroit : ce manque *de vision* dans sa crise, acheva de me convaincre de sa guérison.

Elle continuoit cependant le traitement, afin de se refaire entièrement. *Un coup* qu'elle se donna dans le côté, quelques jours après, ayant voulu marcher dans l'état de *somnambulisme* non clairvoyant (ce qui même l'avoit fait la réveiller sur-le-champ), m'obligea à de nouveaux soins ; une fois en *crise magnétique*, je sus que ce *coup* avoit été si violent, qu'il lui faudroit *cracher du sang* ; elle m'en annonça de même *le jour* et *l'heure* : et la *prédiction s'étant accomplie*, il n'en résulta aucune suite fâcheuse.

La fin du mois qui devoit amener chez elle une époque qui constateroit sa guérison, étoit prochaine. L'avis de plusieurs de mes *somnambules* et le sien, furent qu'il falloit continuer le traitement jusque-là, parce que cette seconde révolution seroit encore difficile à passer,

et qu'elle essuieroit de *très-violentes coli-*
ques. Le 24 , étant dans l'*état magnétique* ,
elle commença en effet à *pressentir* des souffrances pour le *vendredi* 26 ; cela ne manqua
pas d'arriver comme elle l'*avoit prédit* , et
jusqu'au *dimanche à minuit* , elle n'eut , pour
ainsi dire , aucun relâche ; *le sang* causoit tant
de désordres chez elle , que quelquefois elle
devenoit *violette* , étrangloit ; ensuite c'étoient
des convulsions d'estomac qui la mettoient
dans *un état affreux d'éréthisme.* Heureusement , dans les momens de relâche , je pouvois savoir d'elle tout ce qu'il y avoit à lui
faire dans ses *crises violentes* , et par ce moyen
je pouvois la soulager , sans éprouver d'inquiétudes ; elle m'assura aussi que c'étoit *la der-*
nière fois qu'elle auroit des *coliques* de cette
espèce , et que dorénavant toutes ses époques
se passeroient sans souffrances. Le résultat des
consultations que je fis sur son compte , me
confirma la même chose.

Le *lundi* 29 , elle m'apprit le retour de sa
santé , que je *savois* , dès la veille , devoir arriver. Elle est restée chez moi jusqu'*au mer-*
credi ; et le *jeudi* 2 *décembre* , elle est partie
très-bien portante , m'ayant cependant annoncé
dans sa *dernière crise* , que le soir elle auroit

un accès *de fièvre* depuis 9 *heures jusqu'à* 11 *heures* , ce qui m'engagea à lui *ordonner* de se coucher en arrivant chez elle ; de plus , elle m'avoit aussi *prédit* que sa révolution ne finiroit pas avant le *samedi soir*. J'ai su depuis par elle-même , à mon passage à *Soissons* , que ces faits avoient eu exactement leur exécution.

Je certifie que la nommée *Catherine Montenecourt* , ma cuisinière , étoit fort incommodée de *maux* d'estomac , qu'elle m'a assuré avoir eu une peur dans sa jeunesse , qui avoit arrêté chez elle le cours de la nature , et que depuis elle n'avoit pas joui d'un état certain de santé ; qu'il y a trois mois , ayant reçu un coup de pied de cheval , on fut obligé de *la saigner* dans un temps contraire , et de la *purger* ensuite ; que depuis lors , tous ses maux ayant considérablement augmenté , je lui ai fait faire usage infructueusement des secours *de la médecine ordinaire ;* qu'enfin s'étant déterminée (quoiqu'avec beaucoup de répugnance) à aller à *Buzancy* , elle a été traitée pendant *cinq semaines* par le moyen du *magnétisme animal* , et qu'elle en est revenue *totalement guérie*. Je certifie en outre avoir été *prévenue deux jours d'avance* d'une *dou-*

ble révolution salutaire que devoit éprouver la malade, le premier novembre; savoir, l'une *à sept heures du soir*, et l'autre *à dix heures*, lesquelles se sont effectuées à la lettre, comme elles avoient été annoncées.

Je dois certifier de même la guérison complète d'un autre domestique à moi : le nommé *Jean-Pierre Larcher*, vétéran de cavalerie, qui n'a eu son congé que *pour cause d'infirmités* de quinze ans d'ancienneté, lequel, *en douze jours de temps*, s'est trouvé guéri *par le magnétisme animal*, d'oppressions continuelles d'estomac et de lassitudes habituelles dans tous les membres, qui l'empêchoient de faire aucun exercice un peu fort; de manière qu'aujourd'hui il a bon appétit, *monte à cheval sans se fatiguer*, et se trouve mieux portant qu'il n'a jamais été. En foi de quoi j'ai signé le présent certificat, ce 4 décembre 1784. *Signé* Mignot (10).

Certificat que m'a apporté la malade ci-après.

Je soussigné certifie à tous qu'il appartiendra, que *Marie-Louise Bardoux*, femme de *Jean-Louis Métivier*, ma paroissienne, est attaquée depuis *deux ans*, environ, d'un *rhumatisme* appelé *goutte sciatique*, dont elle souffre beaucoup, et qui la met hors d'état de travailler. Délivré ledit certificat, pour lui servir ainsi que de raison, *le 20 novembre* 1784. Signés, *Rougeaux*, prieur-curé de Verdilly; *Brulez*, syndic; *Pétrez*, buraliste; *Leblanc*, *Sarrasin*, *Gauthier*, *Spémen*, *Clerclaie*, *Leclerc*, *l'Allier*.

Marie-Louise Bardoux, femme de *Métivier*, âgée de quarante-cinq ans, de la paroisse de *Verdilly*, proche *Château-Thierry*, avoit commencé à ressentir des points de côté le premier janvier 1783; au bout de huit jours il s'étoit déclaré un commencement de *paralysie* dans tout *le côté droit*, avec des douleurs insupportables, qui la faisoient crier jour et nuit : lorsque les douleurs s'appaisoient, la paralysie empiroit. Depuis ce temps, ses accès de souffrances lui avoient repris fréquemment, et elle étoit au point de n'avoir pas un seul jour de tranquillité, lorsqu'elle est arrivée à mon traitement, le *mercredi* 10 *novembre*.

Je l'ai fait TOUCHER par deux *malades en crise*, qui tous deux se sont accordés à déclarer que cette femme avoit une *goutte froide*, et étoit au moment d'avoir *le bas-ventre paralysé* entièrement, et que sans un prompt secours elle ne pouvoit pas vivre long-temps. Ils me dirent qu'elle ressentiroit beaucoup d'effets salutaires du *magnétisme*; en conséquence je l'admis au traitement.

La première fois que je *touchai* cette malade, je fus singulièrement surpris de la *crise* que je lui occasionnai : elle se mit *à crier* d'une telle force, que tous les malades en furent effrayés; rien ne ressembloit plus *à la folie* : quand elle cessoit de *crier*, c'étoit pour *battre la campagne*; ensuite les *hurlemens* recommençoient, au point qu'enfin effrayé moi-même d'un effet aussi violent et tel que je n'en avois jamais vu, je me vis obligé de la retirer de la chambre et de la calmer dans *la cour*. Le LENDEMAIN, craignant le même tapage que *la veille*, et la même révolution parmi mes malades, je pris le parti de traiter cette femme séparément. En conséquence, je la mis dans une chambre particulière, autour d'*un petit réservoir magnétique* : dès qu'elle y fut placée, les *mêmes cris* de la veille recommencèrent; mais ils se calmèrent plutôt : pendant tout le reste de la journée, elle ne cessa de dé-

raisonner ; quelquefois même elle rioit pendant
des demi-heures entières. Sa sensibilité aux
effets du magnétisme étoit si grande, que je
ne pouvois faire le moindre mouvement dans
ma chambre sans qu'elle s'en aperçût, et sans
que ses douleurs ne lui fissent manifester une
de ses crises convulsives.

Le lendemain vendredi, ce fut à peu près
les mêmes effets et les mêmes souffrances, aug-
mentées seulement de *crises,* de *pleurs* qui suc-
cédoient *au rire le plus immodéré.*

Le samedi matin, sa sensibilité à mon approche me parut diminuée. *Joly,* qui étoit
venu passer quelques jours chez moi, se trouvant dans la chambre où *je magnétisois* cette
femme, fut attaqué de *somnambulisme ;* depuis la guérison de sa *surdité,* il lui étoit resté
une *susceptibilité* si grande, que j'étois obligé
d'user de précautions pour l'approcher : il entroit dans l'état de *somnambulisme* tout en
me parlant. L'approche du *baquet* et le *chant
des églises* lui faisoient le même effet ; ce qui
étoit une marque chez lui des dispositions à
une forte maladie ; mais je n'étois pas assez
instruit alors pour en tirer ces conséquences :
l'apercevant dans cet état, je lui dis de *toucher* cette malade et de faire beaucoup d'atten-

tion à ce qu'il sentiroit ; il commença d'abord
par me dire que, se portant très-bien, il ne
sentoit rien. Je le pressai de faire plus d'attention, et lui indiquai à peu près la place
où j'avois aperçu que cette femme ressentoit
le plus d'effet. Au bout d'un moment, il me
dit qu'il *y voyoit plus clair ;* que le mal
venoit de ce qu'il y avoit des parties intérieures
du corps qui ne prenoient plus de vie ; que si
l'on pouvoit redonner de l'action à ces parties,
la guérison de toutes les souffrances et de tous
les maux, s'opéreroit bien vîte. Je lui demandai
s'il ne pourroit pas y contribuer ; alors il me
dit du plus grand sang froid, *que, si je
voulois, il guériroit cette femme* avant
quatre jours. J'acceptai de grand cœur son
offre. Il m'ajouta qu'il falloit qu'il la *touchât*
trois ou quatre fois *par jour,* et qu'il me
répondoit du succès. En conséquence, je la lui
fis *toucher* encore *deux fois* ce même jour.
Le lendemain dimanche, il *la toucha* trois
fois ; sur le soir, la malade n'avoit déjà plus
de fortes crises de souffrances, et Joly me dit
que sa guérison alloit beaucoup plus vîte qu'il
ne l'avoit pensé d'abord.

Pour faire entrer Joly dans *l'état de somnambulisme,* j'avois soin de le faire venir

dans ma chambre sous différens prétextes, et tout en lui parlant ou *le regardant dans une glace*, je le *mettois*, sans qu'il s'en doutât, dans l'*état que je désirois* : ce n'étoit jamais qu'à *son réveil* qu'il s'apercevoit qu'il *avoit fermé les yeux*.

Le lundi matin la malade étoit encore dans un mieux si apparent, que *Joly* me dit qu'il n'y avoit, pour ainsi dire, plus de mal ; qu'*avant trois jours* elle pourroit s'en aller. Je voulus savoir l'avis d'un autre malade *en crise magnétique*, qui ne fut pas conforme à celui de *Joly* ; car ce dernier me dit qu'il falloit que cette femme restât *encore cinq à six jours*, quand même elle ne ressentiroit plus de douleur ni d'effet du magnétisme ; qu'alors elle pourroit s'en aller ; que les symptômes de son mal disparoîtroient, mais que cependant sa guérison parfaite ne s'effectueroit qu'au *printemps*. Le soir, indépendamment de l'attouchement de *Joly*, j'occasionnai une *crise* très - forte de douleur à la malade, pendant laquelle elle ne pouvoit s'empêcher de remuer fortement la *cuisse et la jambe paralysées*.

Le mardi elle fut *touchée* trois fois par mon *somnambule*, et deux fois par moi : il lui avoit été ordonné de plus de boire toutes les heures *un verre d'eau magnétisée*, ce qu'elle avoit fait depuis le *lundi matin*, non sans éprouver chaque fois des effets passagers de *spasme* et de *suffocation*. Enfin, le *mercredi matin*, elle tomba, pendant mon attouchement, dans la *crise* tranquille de *somnambulisme*. *Joly* arriva, et la *toucha* comme de coutume, c'est-à-dire, en imaginant mille moyens pour faire étendre ses nerfs ; ensuite il me dit que l'état de foiblesse où elle étoit, annonçoit sa guérison prochaine : elle fut *touchée* encore deux fois dans la journée, et elle alloit l'être encore *une quatrième fois*, quand il arriva à *Joly* l'accident que je vais détailler plus bas.

Le *jeudi* cette malade ne ressentoit plus aucune douleur ; elle s'est essayée de courir, de travailler à la terre, de porter des fardeaux ; son contentement à la suite de chaque heureux essai ne peut se rendre.

Le *vendredi*, elle m'annonça vouloir me dire quelque chose de *très-secret* ; c'étoit que, depuis la *veille*, elle rendoit dans ses *urines* des *flocons de matière blanchâtre*, gros comme le pouce ; que dès le commencement de sa maladie, il s'étoit fait chez elle une suppression partielle, et que sûrement la couleur de ce qu'elle rendoit en annonçoit le retour.

Le *samedi*, elle eut des évacuations d'un autre genre, aussi abondantes qu'elle en eût eues par le moyen d'une médecine.

Le *dimanche* au soir, les évacuations de toute espèce avoient cessé, et le *lundi* 22, elle est partie avec une santé que le retour seul du printemps peut consolider entièrement.

« Je soussigné certifie à tous qu'il appar-
» tiendra, que *Marie-Louise Bardoux*,
» femme de Jean-Louis *Métivier*, ma parois-
» sienne, ci-devant attaquée d'un *rhuma-*
» *tisme*, dénommé *goutte sciatique*, depuis
» *deux ans*, est actuellement sans mal et en
» état de travailler et vaquer à ses affaires.
» Délibéré le 2 *décembre* 1784, signé *Rou-*
» *geau*, P. C. de Verdilly, *Vendeuil, Che-*
» *valier, Gauthier, Frerot, Leblanc, Sar-*
» *rasin, Spémen*, clerc laïque ; *Maprince,*
» *Lullier.* A Soissons ».

Le sieur Joly va présenter une scène nou-velle, dont les détails ne seront pas moins in-téressans que ceux qu'on a déjà lus.

J'ai dit qu'au moment où il arriva pour *toucher* la femme *Métivier*, il lui survint un accident qui l'empêcha de continuer la cure qu'il avoit entreprise.

C'étoit le *mercredi 17 novembre*; il me dit en entrant, qu'il avoit un grand *mal de tête* : je me mis *à le toucher*, croyant que je le lui ferois passer; mais je ne fus pas long-temps à m'apercevoir que je ne lui occasionnois pas les effets accoutumés. Je lui vis des mouvemens de nerfs extraordinaires; je le questionne, et il me répond : « Je ne sens plus rien, Monsieur, » voilà mon dernier moment; je suis dans un » état dont vous ne pourrez me tirer, il faut » que je meure ». En finissant ces paroles, sa langue s'embarrassoit, je le vois se roidir de plus en plus, et il devient, dans mes bras, aussi ferme qu'une barre de fer. J'essaie tous les moyens du *magnétisme*, mais c'étoit en vain; j'étois d'une inquiétude mortelle, causée par les dernières paroles qu'il m'avoit dites. Ne connoissant rien à son état, ma seule ressource fut de le *faire toucher* par un *malade en crise magnétique :* heureusement *Catherine Montenecourt* étoit pour le moment dans cet état. Sitôt qu'elle eut posé ses mains dessus le malade, elle me dit de lui faire prendre l'air sur-le-champ, de le faire marcher si l'on pouvoit, et de lui faire *boire de l'eau de mélisse coupée*; ce que je fis aussitôt.

Pendant qu'on le promenoit ainsi, j'allai de nouveau *consulter Catherine*, qui me dit que *Joly* étoit *dans le plus grand danger*, qu'elle en désespéroit, et que sa maladie venoit d'avoir *touché* la femme *Métivier*; qu'en la guérissant, ce n'avoit été *qu'à ses dépens*, puisque la *goutte* et la *paralysie froide* de cette femme avoient passé dans son corps, encore foible de sa guérison précédente.

Cette *consultation* ajoutoit beaucoup à ma peine, par l'idée que cela me donnoit que j'avois été la cause de l'accident affreux qui arrivoit à *Joly*. Je vais retrouver mon malade, et le trouve dans le même état de roideur, *les yeux fixes*, et ne pouvant parler. Il resta ainsi à l'air l'espace d'une heure; après quoi on le porta dans sa chambre. Mon frère demeura avec lui, afin d'essayer de lui donner quelques *secours magnétiques*, à la première détente qui s'opéreroit en lui.

Cette *crise nerveuse* dura environ deux heures, après quoi, se trouvant dans *l'état magnétique*, il put rendre compte de sa maladie. Descendu dans la salle à manger, il nous dit devant M. *Rigault*, notaire (qui étoit arrivé pour constater *la prédiction* de *Viélet*), qu'il étoit sûr que cet accident ne lui venoit pas d'avoir *magnétisé* la femme *Métivier*; qu'au contraire, c'étoit un grand bonheur pour lui d'être *souvent tombé en crise*, puisque par-là on avoit avancé en lui un mal qu'il devoit toujours avoir au plus tard *dans six mois*; que sans doute il en seroit *mort* alors, parce qu'on l'auroit sûrement *saigné* ou *baigné*, ou mis dans un *lit bien chaud*, dont il ne se seroit pas relevé; qu'enfin il n'auroit sûrement *pas vécu une demi-heure*. J'étois trop tranquillisé par ce qu'il me disoit, pour ne lui pas faire des questions relatives aux craintes que m'avoit données *Catherine*. Alors il m'ajouta de nouveau que je ne devois pas être fâché de ce que j'avois fait, et que c'étoit pour son plus grand bonheur. Voyez, dit-il, ce qui arrive à presque tous vos malades : l'un arrive pour se faire guérir d'un mal quelconque; bientôt après que le *magnétisme* a opéré, il se découvre d'autres maladies, et souvent, au bout de huit jours de traitement, on est plus malade qu'en arrivant. Il me cita, entr'autres, une femme qu'il m'avoit fallu guérir

trois fois de différentes maladies arrivées presqu'à la suite l'une de l'autre. Enfin, me dit-il,
non-seulement le *magnétisme animal* guérit
de la maladie présente, mais il *provoque* les
maladies dont on a le germe, et par-là les
guérit dans leur principe : sur la question que
je lui fis s'il auroit *encore des crises*, il me
répondit qu'il en auroit *jusqu'au mardi*, toujours à la même heure ; que celle du *mardi*
seroit très-forte, qu'il pourroit bien être une
demi-heure comme un homme mort ; mais
qu'il ne falloit pas s'en inquiéter, que son
pouls resteroit toujours le même : il soupa ce
soir-là de bon appétit, *en crise magnétique*,
et revenu à lui, il ne se trouva pas plus souffrant que de coutume ; mais il étoit singulièrement frappé de son accident ; et quelque chose
qu'on pût lui dire, il resta persuadé qu'il en
devoit mourir. Rien ne pouvoit le distraire de
cette affreuse idée, parce qu'il avoit, disoit-il,
senti tout son mal ; que, pendant la durée de
sa crise, il avoit entendu tout ce qu'on disoit
autour de lui, et que puisque je n'avois pas
pu l'*endormir* comme j'avois fait précédemment, c'étoit une preuve que sa maladie étoit
d'une nature dangereuse. Il ne dormit point
de la nuit, et le lendemain je le trouvai

absorbé par ses idées noires et ses cruelles inquiétudes.

Le *jeudi*, *à huit heures* du soir, sa *crise convulsive* lui prit comme il l'avoit annoncé. D'après les avis d'*autres malades en crises*, il ne falloit le laisser à l'air qu'un quart d'heure environ, après quoi l'apporter auprès d'un bon feu, et l'y retourner à mesure que la détente s'opéreroit ; ce qui a été exécuté. Comme il conservoit sa connoissance entière, il pouvoit aussi faire un petit geste de tête pour indiquer le besoin de *l'air* ou *du feu*, et avec beaucoup d'attention on le satisfaisoit à point nommé : *cette crise* fut tout aussi douloureuse, mais moins longue que celle de *la veille* ; il fut ensuite *magnétisé*, et tomba dans l'*état de somnambulisme*.

M. de Saint-Martin et mon frère joignoient leurs soins aux miens. Une fois dans l'état de crise, nous lui demandâmes de ses nouvelles : il ne nous satisfit point par ses réponses, comme il avoit fait la veille ; car il nous dit qu'il ne prévoyoit pas pouvoir guérir de cette maladie-là, que dans la crise du mardi il craignoit bien de mourir ; il ajouta que dans la crise du samedi il y verroit plus clair, et pourroit nous dire positivement ce qu'il en

seroit. Nous le fîmes ensuite écrire ; j'étois
bien aise de pouvoir au moins , *par un écrit* ,
prévenir le blâme qu'un évènement fâcheux
auroit pu jeter sur le *magnétisme animal.*
Voici ce qu'il écrivit :

« Le magnétisme animal vient de provoquer
» en moi une maladie que l'on nomme *cata-*
» *lepsie* , qui seroit venue dans *six mois* ,
» dont je serois *mort* , et dont je ne mourrai
» peut - être pas en l'ayant actuellement ; donc
» que c'est un grand avantage pour moi de
» dire *je mourrai peut-être* , au lieu de *je*
» *mourrai sûrement :* je suis très - persuadé
» que ce n'est que le *grand nombre des crises*
» dans lesquelles je suis tombé , qui ont hâté
» cette maladie , dont néanmoins j'espère un
» heureux succès. Il est sûr au contraire que
» n'ayant point été provoqué par le *magné-*
» *tisme animal* , elle m'auroit infailliblement
» causé *la mort* dans *six mois ;* et il est très-
» sûr aussi que je ne puis avoir que de très-
» grandes obligations à celui qui m'a rendu
» ce service. Le 18 novembre 1784. Signé
» *Joly.*
» J'ai eu *deux crises* déjà jusqu'à présent ,
» et j'en aurai encore *cinq* ou *six ;* mais celle

» de *mardi* devant être *très-forte* , je n'en
» augure pas bien ; et pourquoi ? parce que je
» ne puis prévoir jusque-là ; mais *samedi* je
» serai *sûr d'une heureuse* ou *malheureuse*
» *réussite :* si je me tire de là , je ne serai plus
» malade . *out le temps de ma vie.* Ce 18 no-
» vembre 1784. Signé *Joly* ».

Il passa une aussi fâcheuse nuit que la veille ,
et absorbé dans ses idées lugubres.

Dès *le lendemain*, *J'ENVOYAI* (11) *l'écrit
ci-dessus* chez M. *Rigault*, notaire à Soissons. Comme quelqu'un avoit eu l'imprudence
de dire à *Joly* qu'il avoit *écrit*, et que je n'avois
pas jugé à propos de lui montrer son écriture ,
il en concluoit que c'étoit mauvais signe , et
n'en étoit que plus absorbé.

Le *soir du* 19 , il eut son accès *convulsif*
à *sept heures et demie* , qui lui dura une
heure.

Comme, à la suite de son accès de la veille , il
étoit resté quelque temps dans l'état de *somnambulisme magnétique*, il avoit pu nous
instruire de tous les moyens à prendre dans *son
accès* pour lui procurer le plus de soulagement
possible : notre conduite envers lui étoit donc
de le mettre d'abord à *l'air*, et de le promener

étendu sur *un brancard*, jusqu'à ce que *ses doigts se repliassent* : ce signe nous annonçoit de l'apporter, ainsi étendu, devant *un bon feu*, observant de présenter d'abord ses *pieds* au feu, ensuite *chaque côté* successivement. Aussitôt qu'il étoit devant le feu, ses doigts se retendoient de nouveau jusqu'à la détente générale, qui s'opéroit dans chaque côté successivement : lorsqu'étant devant le feu, ses doigts venoient de nouveau à se replier, c'étoit le signe du besoin qu'il avoit de nouveau de reprendre l'air, et ainsi de suite. Après le *troisième accès* du 20, il ne resta que très-peu de temps *en crise magnétique*, pendant lequel temps je lui fis écrire ce qu'il pensoit de son état. Voici ce qu'il écrivit :

« Je reconnois dans ce moment-ci, où je suis
» en crise magnétique, que ma maladie ne
» provient pas d'*avoir touché la femme Mé-
» tivier* : je devois toujours avoir cette maladie-
» là un jour ; d'avoir magnétisé n'a fait autre
» chose, pour mon bonheur, que de l'*avancer*.
» J'aurai encore des *crises* jusqu'à *mardi*, et
» *mercredi* peut-être un petit *ressentiment* ;

» après quoi, *si elles réussissent bien* (*),
» *je me porterai toujours bien.*

» Ce 19 novembre 1784. Signé *Joly* ».

De retour dans *son état naturel*, je lui montrai son écrit, afin de le tranquilliser un peu ; mais c'étoit peine perdue.

Le *samedi* 20, son accès lui prit comme à l'ordinaire vers huit heures, et dura une heure un quart ; mon frère et moi imaginâmes de faire de *la musique* pendant le temps de son attaque ; un petit signe qu'il nous fit, nous donna la certitude que cela lui faisoit plaisir. Revenu de son accès, nous le vîmes se relever, ayant les yeux fermés et dans *l'état magnétique*. Lui ayant demandé s'il avoit beaucoup *souffert*, il nous répondit qu'aussitôt que la musique avoit commencé, il *s'étoit endormi*, et n'avoit plus senti de mal. Mon projet étoit de le questionner sur son *sort à venir*, d'après la promesse qu'il m'en avoit donnée, à la suite de son premier accès. Cependant j'imaginai auparavant,

____

(*) Je fis mon possible pour l'arrêter et l'empêcher d'écrire ces mots : *si elles réussissent bien*, sans pouvoir y parvenir.

pour le distraire et l'amuser , de *chanter* et de *jouer* encore de la *harpe* (ce qu'il nous avoit dit lui avoit procuré tant de bien) ; mais ma surprise fut fort grande de le voir peu à peu ouvrir les yeux et rentrer dans *l'état naturel* : de sorte que cette fois-là il étoit entré et sorti de *l'état magnétique* par le secours seul de *la musique* , sans que mon frère ni moi l'eussions *touché* (12). Nous perdîmes par-là l'occasion de nous instruire de son état.

Le *dimanche* 21 , pareil accès que la veille , à la même heure , dans laquelle il fallut lui faire prendre l'air deux fois , quoique *la musique* eût opéré en lui , comme la veille , l'état de *somnambulisme* dès la première fois qu'on l'avoit rentré ; au moyen de quoi , il n'avoit point eu la *conscience* de ses souffrances. Nous lui demandâmes ce jour-là ce qu'il pensoit de son état , imaginant qu'il pourroit encore mieux nous satisfaire que la *veille* ; mais il nous répondit qu'il ne pouvoit rien *pressentir* ; que plus il avançoit , *moins il voyoit clair* sur l'*avenir* ; qu'enfin il avoit de l'inquiétude , mais aucune sûreté , ni *pour* ni *contre* sa guérison.

Le *lendemain lundi* , il lui prit un accès à dix heures et demie du matin , qui nous étonna tous , et qui fut appaisé de même par le *secours de la musique* ; il dura trois quarts d'heure , après lequel il nous dit (étant dans l'*état magnétique*) qu'il auroit encore *deux crises* dans la journée , et *quatre* le *lende-main* , et que la *dernière* seroit si forte , qu'il ne savoit pas s'il auroit la force de la supporter.

A quatre heures et demie arriva effective-ment sa *seconde crise* , qui dura le même temps , à peu près , que la précédente , et qui ne fut pas plus douloureuse.

A huit heures et demie commença la *troi-sième* , dans laquelle il fallut le mettre à l'*air* deux fois : dans celle-ci , qui dura une *heure et demie* , la MUSIQUE ne fit pas sur lui l'effet accoutumé , de sorte qu'il eut le sentiment de ses souffrances.

Son accès fini , nous nous aperçûmes qu'il étoit devenu *muet :* je pris le parti de le *ma-gnétiser* , bien sûr de ne pouvoir lui faire que du bien , et dans l'espérance d'avoir de lui-même , en le mettant dans l'*état de somnam-bulisme* , des renseignemens sur cet événement singulier.

Une fois dans l'*état magnétique* , je lui de-mandai de me répondre , *par écrit* , aux questions que j'allois lui faire ; il écrivit ce qui suit, en réponse à mes demandes.

DEMANDE. *Que sentez-vous ?*

RÉPONSE. J'ai perdu la parole, que je ne recouvrerai que demain à la première crise, qui sera à huit heures du matin.

D. *Cela finira-t-il bien ?*

R. Je pense que cela ira bien.

D. *Craignez-vous la journée de demain ?*

R. J'aurai quatre crises ; la quatrième sera très-forte, mais j'espère qu'elle finira heureusement.

D. *Vous n'en êtes donc pas sûr ?*

R. Je n'en sais trop rien.

D. *La journée de demain passée , vous serez donc guéri ?*

R. Je suis très-sûr de me bien porter mercredi, et que je serai très-bien guéri.

D. *Qu'est-ce qui vous a fait perdre la parole ?*

R. Je devois la perdre pendant douze heures , pour perfectionner ensuite les autres sens.

D. *Rien n'a-t-il contrarié la crise que vous venez d'avoir ?*

R. Non, rien n'a pu la contrarier.

D. *Où existe la cause qui vous empêche de parler?*

R. Dans mon estomac.

D. *Cela vous empêchera-t-il de souper et de dormir?*

R. Non, cela ne mettra aucun obstacle à rien.

D. *Vous ne serez donc pas inquiet?*

R. Je n'ai pas lieu de l'être.

Ce 22 *novembre* 1784. Signé *JOLY*.

Il eut encore vers onze heures un petit accès d'un quart d'heure, qui n'apporta en lui aucun changement ; il ne s'étoit pas couché depuis le premier jour de sa maladie, tant il étoit tourmenté par les idées funestes qu'il s'étoit forgées.

Afin donc de lui procurer du repos, je *le mis en crise magnétique*, et le fis déshabiller et se coucher dans ma chambre, de crainte qu'il ne lui arrivât pendant la nuit quelqu'évènement imprévu ; mais il ne lui arriva rien, et il dormit tranquillement toute la nuit.

Le *lendemain*, après l'avoir *réveillé* à sept heures et demie, je le trouvai dans l'état naturel, quoique toujours MUET comme la veille ;

il ne fut pas plutôt habillé, que son accès lui prit, *comme il l'avoit annoncé*; il dura trois quarts d'heure, pendant lesquels il n'eut presque point le sentiment de ses souffrances.

Le recouvrement de sa parole se manifesta avant la fin de sa crise : au moment où nous nous y attendions le moins, il se mit à *chanter* avec nous, et à *suivre les paroles de l'air* que nous exécutions : ce qui nous amusa beaucoup.

A onze heures, il devint sourd ; *à onze heures et demie*, son *second accès* lui prit, et dura une heure ; après lequel, nous le trouvâmes dans un état si complet de *surdité*, qu'il n'étoit pas possible de s'en faire entendre. Notre *musique* n'ayant pu faire sur lui aucune impression, il n'étoit point dans l'*état magnétique* au sortir de sa crise ; de sorte que mon frère le *magnétisa* pour le mettre dans un état où nous pussions nous faire entendre de lui sans lui parler ; nous pûmes donc alors lui faire des questions (*), auxquelles il répondit comme il suit :

(*) Ces questions ne lui étoient faites ni *par écrit* ni *vocalement*; mais *mentalement* et sans aucune expression des *muscles* du visage.

M

« J'ai perdu *l'ouïe* comme j'ai perdu la pa-
» role, et je la recouvrerai à quatre heures
» et demie ou cinq heures, par une autre crise.

» Je ne serai plus privé d'aucune sensation.

» J'aurai encore deux ou trois crises au-
» jourd'hui.

» Après quoi je n'en aurai plus qu'un léger
» ressentiment demain ».

Lui ayant ensuite *demandé* (mentalement)
la raison pour laquelle il perdoit ainsi successivement l'usage de ses sens, il écrivit encore
la réponse suivante :

« La raison pour laquelle j'ai été privé de
deux sensations bien importantes, est très-
simple : ayant eu la langue presque coupée
dans ma jeunesse, et par conséquent devenu
presque *muet* quelque temps, quoique j'aie
eu depuis la parole assez libre, elle avoit néanmoins besoin d'être perfectionnée ; c'est ce qui
est arrivé dans une attaque de nerfs, qui, m'en
ayant privé tout à fait pour douze heures, me
l'a rendue au plus haut degré.

» Il en est de même des *oreilles*, qu'ayant
eu *dures* pendant très-long-temps, et ensuite
ayant été guéri par le moyen du *magnétisme
animal*, j'ai conservé une certaine foiblesse qui

a été effacée par cette attaque de nerfs qui m'en avoit aussi privé pour quelques heures.

» Il n'en n'est pas de même des autres *sensations* qui, ayant toujours été très - bonnes, n'ont pas besoin par conséquent d'être perfectionnées.

» *Ce 23 novembre* 1784. Signé JOLY ».

A cinq heures, son troisième accès arriva. Il dura trois quarts d'heure, et pendant cet intervalle le sens de l'*ouïe* lui revint ; mais il nous dit une fois revenu à lui, qu'il sentoit qu'il n'avoit plus de goût ; il fallut *le mettre dans l'état magnétique*, pour en savoir la raison, et il écrivit ce qui suit :

« Après *une troisième crise*, à cinq heures » du soir, ayant recouvré l'*ouïe*, je perdis » le sens du *goût*, que je ne recouvrerai qu'à » la *première crise*, qui sera je ne sais pas » quand.

» *Ce 23 novembre* 1784. Signé JOLY ».

Comme il *signoit*, je vis qu'il traçoit les lettres de son nom avec peine. « Savez-vous, » me dit-il, Monsieur, pourquoi je ne puis » plus écrire ? c'est que je n'y vois plus *goutte* ; » voilà qui est fini, je n'écrirai plus jamais

» comme cela, et le magnétisme ne me fera
» plus rien ». Lui en ayant demandé la raison,
il me dit : « C'est que je suis bientôt totale-
» ment guéri ; et dans un état parfait de santé,
» on ne peut plus avoir *de crise magnétique* ».
En effet, nous essayâmes de le faire mouvoir
comme de coutume ; il ne répondoit plus à nos
gestes : s'il marchoit, c'étoit comme à tâtons,
et il entendoit la voix de toutes les personnes
qui étoient dans la chambre ; il fallut cependant
lui ouvrir les yeux *comme à l'ordinaire*.

A huit heures et demie, enfin le *quatrième et dernier accès* lui prit, qui dura
jusqu'à *onze heures*, pendant lequel il fallut
lui faire prendre l'air trois fois ; chacun de
ses membres, dans cet accès, éprouva une
convulsion particulière ; il sembloit que la
nature travailloit à perfectionner chacun de ses
organes. Revenu à lui, il nous dit qu'il n'avoit
pas du tout souffert : nous essayâmes de le
mettre dans l'*état magnétique* ; ce fut en vain ;
il plaisantoit lui-même de nos tentatives, et
disoit qu'il avoit plus besoin de *souper* que
de *dormir*.

Le *lendemain mercredi*, il eut encore
deux ressentimens dans la journée, d'un quart
d'heure environ chacun ; savoir, le premier à

neuf heures et demie , et le second à quatre
heures : dans la soirée , il vint au *traitement
magnétique* , fit la *chaîne* avec les autres malades , et fut *magnétisé* lui - même , sans éprouver autre chose que des *bâillemens* : il conservoit cependant une sensibilité singulière aux
extrémités des doigts des pieds et des mains ,
qui me faisoit juger qu'il n'étoit pas entièrement quitte de ses ressentimens ; je m'étonnois
d'ailleurs de ce qu'il n'avoit point éprouvé de
foiblesse après huit jours de si grandes souffrances , et après de si violens tiraillemens de
nerfs.

Plusieurs exemples précédens me faisoient
regarder ce passage comme nécessaire au recouvrement de sa santé. C'est aussi ce qui arriva
à *Joly* , *à dix heures du soir* : comme il
étoit encore à table , il lui prit une *défaillance
générale* ; autant ses nerfs avoient été tendus
dans ses crises passées , autant , dans cette
dernière , ils avoient perdu leur ressort : tout
son corps étoit sans *vie* et sans *consistance* ;
sa tête ne se pouvoit soutenir sur ses épaules ,
et il ne pouvoit articuler une seule syllabe.
Je le fis étendre sur un *matelas* devant le feu ,
et mon frère le *magnétisa* : il sembla alors
acquérir un peu plus de forces , et les rassem-

blant, il put se faire entendre, quoiqu'avec une peine infinie ; car il étoit obligé de s'arrêter à chaque syllabe. D'après ce qu'il nous dit, il nous fut aisé de juger qu'il étoit dans l'*état magnétique*; il nous parla de son état, nous dit qu'il n'y avoit aucune inquiétude à avoir ; qu'il falloit le mettre dans son lit, sans le déshabiller, et que le lendemain ses forces commenceroient à revenir. Une fois dans son lit, il nous répéta d'être tranquilles, et que n'ayant besoin de rien, il prioit qu'on le laissât prendre du repos, qui seul étoit nécessaire à sa situation.

Le *lendemain jeudi*, à huit heures du matin, je le trouvai dans le même abattement que la veille : il n'étoit plus dans l'*état magnétique*; car les premiers mots qu'il put me dire avec beaucoup de peine, furent que ses nerfs étoient brûlés, et qu'il craignoit de rester toujours dans l'état où il étoit. Il *avoit froid*, je le fis porter *devant le feu*, où je le *magnétisai :* il ne fut pas long-temps sans entrer dans l'*état magnétique;* sitôt qu'il y fut, il me dit que dans une heure il pourroit marcher un peu ; que pour lui faire plus de bien, il falloit le porter dans la chambre du traitement, et le *mettre au baquet.* Je voulus auparavant lui faire prendre du *bouillon chaud* ; mais il le refusa, et dit qu'il ne lui falloit que des nourritures froides jusqu'à l'entier rétablissement de ses forces, qui seroit le *dimanche suivant :* en conséquence, je lui fis prendre du *bouillon froid,* qu'il but avec plaisir.

Une fois établi au *traitement magnétique,* il me répéta qu'il ne seroit pas long-temps sans être beaucoup mieux et *sans se réveiller.*

En effet, au bout de trois quarts d'heure, il ouvrit les yeux, commença à remuer les bras et les jambes, et fut très-surpris de se trouver où il étoit : une demi-heure suffit pour lui rendre totalement l'usage de ses facultés, et quoiqu'encore foible, il put se lever et marcher à l'aide d'un bâton. Après son dîner, il eut encore un ressentiment de défaillance totale, qui ne dura qu'un quart d'heure, après lequel mon frère et moi essayâmes de lui faire éprouver *les effets ordinaires du magnétisme animal.* Mais au lieu de *sommeil apparent* dans lequel il tomboit ordinairement sans souffrance préliminaire, il se plaignit cette fois-ci que nous lui *faisions du mal,* que nous l'étouffions ; et partout où notre main se portoit, il disoit qu'on *lui enlevoit la peau.* Cependant, tout en se plaignant ainsi, il devint dans un état approchant celui du *somnambulisme*, puisque je *pus le faire marcher* jusqu'à la chambre du traitement, et le mettre *au baquet*, sans qu'il s'en soit ressouvenu depuis : mais en entrant au traitement, il me prévint qu'il alloit *se réveiller sur-le-champ*. En effet, je ne l'avois pas encore placé devant *le fer*, qu'il ouvrit les yeux, et se mit à rire de s'être *encore endormi*. Il resta au *baquet* une demi-heure, après quoi, s'y ennuyant beaucoup, il le quitta pour aller se promener : ses forces ne faisoient pas beaucoup de progrès ; il fut obligé de se soutenir *avec un bâton* toute la journée.

Sur les huit heures du soir, je le fis *toucher* par un *malade* en état *de crise magnétique*, qui le trouva très-bien : cependant il s'arrêta quelque temps aux extrémités de ses pieds et de ses mains ; il me dit qu'il y avoit encore quelques petits restes à partir, qui ne s'effectueroient pas sans un ressentiment un peu plus long que les autres. Il finit sa *consultation* par dire qu'il falloit que Joly soupât de bonne heure, et s'allât coucher sur-le-champ. Si cette *indication* avoit été suivie, nous n'eussions pas été témoins de l'adieu total de sa maladie, qui se fût fait très-tranquillement la nuit, sans que le malade s'en fût beaucoup aperçu : mais étant, au lieu de cela, resté à table *jusqu'à dix heures et demie*, nous pûmes observer en lui un *phénomène* aussi intéressant qu'il étoit nouveau pour nous. Tout en mangeant encore, il commença à sentir un *petit froid* à l'extrémité de ses pieds, et peu à peu ce froid remonter les jambes, ensuite *les cuisses*; il en avertit les personnes avec qui il étoit à table, et il continuoit à manger, jusqu'à ce qu'enfin cet effet extraordinaire, descendant dans les bras, lui ôta la faculté de s'en servir. Peu à peu sa langue s'embarrasse, ensuite les yeux, et le voilà de nouveau dans une défaillance complète. On le porte ainsi devant le feu : il n'y est pas *cinq minutes*, que nous voyons ses yeux s'ouvrir; ensuite il put nous parler et nous dire ce qui se passoit en lui : « Voilà le froid qui » quitte mes mains, nous dit-il, et remonte » dans les épaules ». Une fois ses bras devenus libres, il suivit avec son doigt la dégradation de cette sensation, et la conduisit jusqu'au bout de ses pieds; alors il ne sentit plus rien, et se leva; nous le crûmes quitte de tout; mais après un petit moment, il nous dit que *le bout de ses pieds se refroidissoit de nouveau*, et le voilà avec *son doigt* à nous indiquer le chemin que parcouroit en montant cette sensation singulière. Une fois à *l'esto-mac*, il nous dit : Voilà que cela passe dans *les bras*; et peu à peu nous vîmes s'affoiblir graduellement sa main et ses doigts jusqu'au moment de perdre la parole : il nous instruisit de tout, et nous ajouta qu'il sentoit cet effet s'étendre jusque par-dessus sa tête. La dégradation se fit très-promptement, et de même que la première fois ; après quoi je l'envoyai se coucher, afin qu'en cas où il lui reprît de ces mêmes foiblesses, il pût se trouver dans une situation plus commode étant dans son lit. Il lui en a repris en effet plusieurs, et il n'a pu s'endormir qu'à deux heures du matin.

Le lendemain *vendredi*, il avoit beaucoup plus de force que la veille, et ne sentoit plus rien de douloureux dans ses extrémités ; toute la journée se passa sans ressentimens, et le soir il se coucha de bonne heure. Une fois dans son lit, je le *magnétisai*, sans lui pouvoir produire d'autre effet qu'une petite douleur à l'estomac, qui s'appaisa sur-le-champ. Je le laissai cependant un peu assoupi, mais non dans l'*état magnétique*.

Le *samedi matin*, il me dit qu'il s'étoit réveillé un moment après mon départ de sa

chambre , et s'étoit rendormi naturellement
après ; qu'il n'avoit éprouvé aucune foiblesse ,
et avoit fort bien dormi toute la nuit. Il des-
cendit de sa chambre sans bâton ; ses forces
avoient gagné considérablement , sans cependant être totalement revenues.

Sur les quatre heures après midi , il eut encore une foiblesse, qui dura si peu , que je n'eus
pas le temps d'en être témoin. Quand j'arrivai
à lui, je le trouvai dans l'*état magnétique* , ce
qui me surprit ; j'en profitai pour lui demander de ses nouvelles. Il me dit qu'il venoit
d'éprouver un dernier ressentiment, nécessaire
encore pour rappeler entièrement l'usage de
ses forces : il me proposa de m'en donner la
preuve, en me défiant de courir aussi fort que
lui. J'acceptai volontiers le défi , pour me convaincre du parfait rétablissement de sa santé.
Il courut (toujours en état de *somnambulisme*),
et je me vis dépasser avec plaisir. Il me dit
ensuite qu'il n'avoit plus besoin de *manger
froid ,* et qu'il n'avoit plus aucun ménagement
ni régime à suivre. Une fois certain de son
entier rétablissement , je le remis dans *l'état
naturel :* il ne fit qu'un somme de toute la nuit
suivante.

Le *dimanche* il fut à la *grand'messe ,* sans

y éprouver de sensibilité aux oreilles ; il dansa , et fut de la plus grande gaîté toute la journée.

Le *lundi* , continuation de bonne santé , et le *mardi* il m'a QUITTÉ , pour s'en retourner chez lui (13).

Certificat reçu depuis mon retour à Paris.

Je *soussigné* CERTIFIE , ainsi que mes amis et voisins que j'ai priés de signer le présent , que Henri-Joseph-Claude Joly , mon fils , est arrivé chez moi le 28 novembre , revenant de Buzancy , parfaitement guéri d'une maladie de nerfs dont il étoit attaqué , et que depuis ce temps il jouit de la santé et de l'embonpoint le plus satisfaisant.

A Dormans , le 18 décembre 1784. *Signé* JOLY père , Laurain , Cheruy , Vovelet.

CONCLUSION.

Sɪ les preuves les plus multipliées, et les expériences répétées avec le même succès, ont pu jamais persuader les hommes de l'existence d'une chose nouvelle pour eux, dans quelle occasion en a-t-on plus rassemblé que dans les mémoires qu'on vient de lire, et dans d'autres du même genre ! Le mensonge, il est vrai, n'a que trop souvent pris le langage de la vérité, et n'a que trop su emprunter ses moyens pour faire recevoir des erreurs. Il est affreux d'imaginer que, dans une société policée, on soit quelquefois dans le cas de douter de la véracité d'un certificat.

Je sais bien qu'on peut se tromper, et souvent affirmer de *bonne foi* ce qu'avec plus de réflexion on n'eût jamais adopté : mais ce faux-fuyant, sauve-garde de l'honnête homme, ne fait encore trop souvent que prêter une arme de plus au mensonge. La vérité n'a donc véritablement de ressources que dans *le temps*, qui, tôt ou tard, la fait reconnoître, et l'*expérience* a toujours prouvé que rarement ceux

qui l'ont trouvée ont pu jouir de la reconnoissance de leurs contemporains.

Ce lieu commun , argument de tous les
temps , ne devroit point cependant avoir de
force dans la cause présente ; car enfin ce n'est
plus aujourd'hui M. *Mesmer* seul qui veut faire
recevoir sa doctrine , mais bien *TROIS CENTS* personnes de tous états , qui s'accordent ensemble
sur l'utilité d'un moyen dont ils ont fait usage
avec succès (14). Quelles raisons auroient la
plupart de ces personnes à soutenir leur sentiment sur l'existence du *magnétisme animal,*
si véritablement elles n'y voyoient pas une
réalité manifeste ? Il seroit aussi ridicule à moi
d'imaginer retirer de la gloire de mes *hauts
faits magnétiques,* qu'il le seroit aux autres
d'imaginer que je puisse prétendre en retirer
de l'intérêt. Me supposera-t-on l'envie de me
donner un relief, ou de m'ériger en *savant ?*
Ces suppositions seroient bien gratuites, d'après
ma profession de foi sur le magnétisme. Pour
sentir, on n'a besoin ni d'*esprit* ni de *science,*
et celle de M. *Mesmer* se *sent* mieux qu'elle
ne s'exprime. C'est sur *nos sensations* qu'il est
venu nous éclairer, et sa doctrine ne tend qu'à
donner la conscience de toutes les vérités qui
jusqu'à présent n'avoient parlé qu'à l'*esprit.*

Les savans médecins et autres sauront sans doute mieux apprécier que les autres l'utilité de la DÉCOUVERTE de M. *Mesmer*.

Que de peines et de soins devra prendre un *médecin magnétisant*, pour obtenir des succès *prompts et certains* dans les maladies de toutes espèces qu'il aura à traiter ! et combien alors ses connoissances en tout genre, en le rendant supérieur aux autres, lui deviendront utiles, quand se laissant guider par la NATURE, il en saura faire usage !

Il me reste à parler de l'usage du *magnétisme*, et de la manière de l'administrer.

Mes idées, d'après les leçons de M. *Mesmer*, n'étant appuyées que sur le peu d'expériences que j'ai faites, je ne puis les croire déterminantes : puissent-elles seulement servir aux réflexions de gens plus instruits que moi, et les mettre sur la voie pour établir une base constante et régler leur opinion !

Je pense que l'*action magnétique* doit être *salutaire* à tous les hommes, à des degrés différens, et que jamais elle ne peut être *nuisible*. Quiconque est en état de *santé parfaite* ne doit point être susceptible de l'*influence magnétique*.

Il est des maladies qui, quoique très-graves

et dangereuses, se refusent à l'*action magnétique* pendant un certain temps ; ce qui quelquefois décourage et le *magnétiseur* et le *magnétisé* : du reste, je croirois assez que telle
maladie qui résiste à l'*action* d'un magnétiseur,
céderoit peut-être plus vîte à l'*empire d'un
autre homme*. J'ai eu des malades chez moi,
sur qui je n'ai jamais pu produire le moindre
effet, malgré le désir extrême qu'ils avoient
d'en ressentir, et je n'en attribue la cause qu'à
mon peu d'*analogie avec eux*.

L'expérience apprendra peut-être que tel
homme sera plus propre à guérir certaines maladies que d'autres ; peut-être aussi les *tempéramens*, les *caractères*, les *climats*, les *pays*,
apporteront-ils des considérations dans le choix
des traitemens, par la raison que ces causes
peuvent constituer des *analogies* et des *rapports* plus directs dans les individus. C'est ainsi
qu'un homme, dans son pays, dans sa *ville*
et dans *sa famille*, produira graduellement
plus d'effets bienfaisans, qu'il n'en obtiendroit
ailleurs. Je n'affirme pas ces assertions, que
je ne propose que comme de simples proba-
bilités, sur lesquelles l'observation nous éclai-
rera.

Je crois qu'il doit être facile de procurer *le*

sommeil magnétique dans presque toutes les *maladies aiguës*, et dans toutes les *chroniques*, qui entraînent des souffrances habituelles. S'il en est ainsi, la NATURE donneroit à tous les hommes la faculté de se guérir eux-mêmes.

Quant à la manière d'administrer le *magnétisme animal*, je crois qu'il n'est pas de circonstances où l'on ne doive en espérer de bons effets ; mais lorsque les malades sont susceptibles de tomber dans l'*état magnétique*, alors il peut être dangereux de s'arrêter trop tôt ; parce que le *magnétisme* tendant à développer le germe des maladies prochaines, un effet commencé et non soutenu peut contrarier la *nature*, sans ajouter à ses moyens. Le second accident arrivé à *Joly* autorise cette opinion. Au reste, on n'aura pas de meilleurs *indicateurs* sur cela, que les *êtres magnétiques* eux - mêmes ; c'est en les *consultant* qu'on risquera moins de leur nuire, soit en ne les *magnétisant* pas assez, soit en prolongeant trop le temps de leur *crise*.

Une preuve certaine de la guérison radicale d'un malade qui a passé par l'état magnétique, sera toujours la cessation plus ou moins marquée de l'*empire* du magnétiseur sur lui.

N

Plusieurs personnes pratiquant le magnétisme ont (m'a-t-on dit) la faculté de reconnoître au *tact* le siége et la cause des maladies. Je ne contrarie point ce fait, qui peut dépendre d'une *sensation* particulière à leur organisation; mais pour moi, je n'ai jamais rien ressenti de semblable, et je ne crois pas qu'il me soit possible d'y arriver, par la raison qu'il peut être facile d'apprendre à raisonner et à observer, mais non point à *sentir*.

La seule *sensation* que j'éprouve en magnétisant, est relative à l'effet que je produis sur un malade : s'il est susceptible des effets *magnétiques*, je sens une chaleur plus ou moins légère dans la main, et un attrait plus ou moins grand à continuer à *magnétiser*. Il est des individus sur lesquels je pourrois presqu'affirmer ne jamais rien produire, tandis que je suis surpris quelquefois de l'effet subit que je produis sur d'autres.

Plus j'ai produit d'effets extraordinaires par le moyen du *magnétisme animal*, et plus je me suis persuadé qu'il y avoit peu de danger à craindre dans les abus qu'on pourroit en faire.

L'empire que l'on acquiert sur les individus susceptibles d'entrer dans l'*état magné-*

tique, ne s'exerce absolument que dans les choses qui concernent leur santé et leur bien-être ; passé cela , l'on peut encore faire usage de *son pouvoir* dans des choses innocentes en elles-mêmes ; telles que *faire marcher , changer de place , danser , chanter , porter quelque chose d'un endroit à l'autre ,* etc. ; enfin, tout ce qu'on se permettroit indifféremment d'exiger d'un être quelconque dans l'*état naturel.* Mais il est des bornes où le pouvoir cesse, et je pourrois presqu'assurer que ces bornes seront toujours pressenties par les magnétiseurs (15). Je questionnois un jour une femme en *état magnétique ,* sur l'étendue de l'empire que je pouvois exercer sur elle : je venois (sans même lui parler) de la *forcer*, par plaisanterie , de me donner des coups avec un *chasse - mouche* qu'elle tenoit à la main. « Eh » bien ! lui dis-je , puisque vous êtes *obligée* » de me battre , moi qui vous fais du bien , » il y a à parier que, si je le voulois abso-» lument, je pourrois de même faire de vous » *tout ce que je voudrois ;* vous faire *désha-» biller ,* par exemple, etc. . . . . . Non pas , » Monsieur, me dit-elle , il n'en seroit pas » de même : ce que je viens de faire ne me » paroissoit pas bien , j'y ai résisté long-temps ;

» mais comme c'étoit un badinage , à la fin
» j'ai cédé , puisque vous le *vouliez absolu-*
» *ment :* mais quant à ce que vous venez de
» dire , jamais vous ne pourriez me *forcer*
» à quitter mes derniers habillemens : mes
» *souliers* , mon *bonnet* , tant *qu'il vous*
» *plaira ;* mais passé cela , vous n'obtiendriez
» rien ».

Une fille (c'étoit Catherine Montenecourt)
étoit présente à cette conversation , et tout
en riant , se permettoit de plaisanter et de dire,
que dans l'état de *Geneviève* , on pourroit pousser les choses *aussi loin qu'on le voudroit ;*
qu'enfin elle n'étoit nullement persuadée de
tout ce que cette femme venoit de dire. J'eus
occasion de mettre , *une demi-heure après* ,
cette même fille dans l'*état magnétique* , et
aussitôt qu'elle y fut , je lui fis les mêmes questions qu'à *Geneviève :* ses *réponses* furent absolument les *mêmes.* Je lui rappelai ce qu'elle
venoit de me dire dans l'état naturel. . .. Ah !
bien ! me répondit-elle , *je ne vois pas de*
même à présent. « Mais enfin , lui dis-je , si
» je voulois absolument vous faire ôter vos ha-
» billemens, qu'en résulteroit-il ? *Je me ré-*
» *veillerois* , Monsieur ; cela *produiroit chez*
» *moi le même effet que le coup que je me*

» *suis donné dans le côté* il y a quelques
» jours, et j'en serois *bien malade* ». J'avois
réveillé *Geneviève* pendant cet entretien, et
une fois dans l'*état naturel*, elle avoit pris le
rôle précédent de *Catherine*. Tous les malades,
témoins de cette double scène, eurent beau
l'assurer qu'elle avoit parlé comme elle, rien
ne put la persuader.

Viélet, l'écrivain *Viélet*, qui presque toujours, dans l'*état magnétique*, avoit la plume
à la main pour écrire des *ordonnances*, ou
bien ses *observations* sur son état ; *Viélet*,
dis-je, un jour étant dans l'état de *somnambulisme* complet ; je lui demandai si je ne serois
pas le *maître* de lui faire faire un *blanc-seing*
que je remplirois après à ma volonté. Oui,
Monsieur, me répondit-il. — Eh bien ! je pourrois donc vous faire faire la donation de tout
votre bien, sans que vous en sussiez rien ?—
« Cela ne seroit pas possible, Monsieur, parce
» qu'avant de signer je saurois votre intention,
» et ma signature alors ne ressembleroit sûre-
» ment pas à celle que je fais ordinairement ».
— Mais enfin, lui dis-je, dès que ce seroit votre
nom, cela suffiroit. — *Si cela devoit suffire,*
en ce cas vous ne l'auriez pas. Etonné de son
ton affirmatif, je continuai :—« Mais enfin,

» si je *voulois absolument* votre signature ,
» il faudroit bien que vous me la donnassiez ,
» puisque j'ai un *empire absolu* sur vous ».
Vous ne l'avez que jusqu'à un certain point ;
et si vous pouviez exiger de moi une chose pareille , *vous me feriez beaucoup de mal , et
je m'éveillerois.*

Toutes les questions que j'ai pu faire dans
ce genre , m'ont enfin confirmé dans l'idée que
la pratique du *magnétisme animal* n'est qu'un
moyen de plus dans la main *de tous les honnêtes gens* pour faire *le plus de bien* possible ,
et qu'entre des mains peu délicates , il n'en
peut résulter *aucun abus ,* soit que dans ce
dernier cas on ne puisse parvenir à mettre les
malades *dans une dépendance absolue* de
soi , soit qu'en les y mettant on ne puisse les
tromper qu'en risquant de *nuire infiniment
à leur santé ,* sans réussir dans ses vues. C'est
ainsi que par la suite on dira peut-être une
grande injure , en disant d'un homme : *Il est
bien malheureux , car il ne peut faire du
bien à personne.*

Mon dessein n'étant pas par la suite de m'occuper du magnétisme d'une manière aussi os-
tensible que je l'ai fait jusqu'à présent, je désire bien ardemment de voir tous les *élèves* de

M. *Mesmer* prospérer dans leurs tentatives , pousser plus loin que je n'ai fait , les *expériences magnétiques* , et augmenter en sûreté dans le traitement des maladies.

Il y a encore beaucoup à faire , avant d'arriver à la *démonstration* sentie de toutes les propositions de M. *Mesmer*. Mais si , par le peu de faits que j'ai rassemblés , je pouvois me permettre un conseil sur la manière de procéder , ce seroit de dire à tous les *magnétiseurs* , que le moyen le plus sûr d'obtenir de *bonnes expériences* , est de *ne jamais chercher à en faire* ; de travailler de bon cœur à *guérir* : voilà le seul but qu'on doit avoir , et la NATURE répondra toujours avec usure aux soins qu'on se donnera. Il ne m'est jamais venu dans la tête de vouloir faire apercevoir à mes *somnambules* ce qui se passoit dans la *lune* , ni de leur faire deviner de leur chaumière de *Buzancy* ce qui se faisoit sous les portiques des rois ; j'aimois beaucoup mieux qu'ils se connussent eux-mêmes , et qu'ils m'indiquassent les moyens les plus prompts de les soulager : dès qu'ils en étoient venus à cette parfaite connoissance , j'étois sûr qu'ils étoient en état de juger sainement des autres , et j'obtenois chaque jour , sans m'en douter , des phénomènes qui venoient combler ma surprise. Il en est des *somnambules* entr'eux , comme de tous tant que nous sommes dans l'*état naturel*. Mieux l'on sait se juger et s'apprécier soi-même , et plus juste est l'opinion qu'on prend des autres. Cette vérité morale est physiquement prouvée par les *êtres magnétiques* , et l'on ne peut s'y tromper.

Ce n'est pas que je croie qu'on ne puisse par la suite tirer de bien plus grandes lumières que je n'ai fait , des individus *somnambulistes* ; mais je crois pouvoir affirmer que , passé une certaine sphère d'activité, on ne pourra obtenir d'eux aucune *indication* satisfaisante sur des choses qui leur seront étrangères. C'est ainsi qu'on verra peut-être des *êtres magnétiques* indiquer des *sources* , se connoître aux maladies des *animaux* , des *végétaux* , etc. . . . . Mais si quelqu'un imaginoit pouvoir , à l'aide d'un *somnambule* , connoître la *façon de penser* d'un autre homme , malgré lui , même de son ennemi , il seroit , je crois , dans l'erreur, et les réponses qu'il obtiendroit seroient analogues à sa façon de penser. Je sens bien que, s'il pouvoit en être autrement , la sûreté particulière y pourroit gagner ; mais la *sûreté publique* en souffriroit nécessairement. Si j'eusse aperçu dans la découverte de M. *Mesmer* un moyen quelconque de ravir furtivement le moindre secret du plus honnête homme du monde, j'avoue que j'eusse employé tout ce que j'ai de moyens pour en arrêter la publicité, avec la même ardeur que je mets aujourd'hui à la répandre, bien sûr de l'avantage infini que l'humanité entière en doit retirer, et de la gloire qui en doit résulter pour son inventeur, auprès de qui je n'ai d'autre mérite que de l'avoir bien *entendu*.

~~~~~~

NOTES.

(1 , *page* 25.) Q<span>UAND</span> je dis que l'*électricité* ne peut être bonne à rien , j'entends seulement que ce mouvement n'ayant aucune analogie parfaite avec aucun corps de la nature , ne peut agir que comme stimulant. Les guérisons nombreuses de MM. *le Dru* , *Andry* , *Mauduit* , *Sans* , etc. ne détruisent point cette opinion ; leurs succès n'ont été complets que sur les *maladies nerveuses* , dont la base tient à un organe si aisé à ébranler , que dans plusieurs maladies de ce genre , le moindre mouvement interne peut rétablir l'*harmonie*. Au reste , je ne suis pas éloigné de croire que ce *rétablissement d'équilibre* ne peut même exister qu'un *certain temps* dans beaucoup de malades , parce que je ne vois , dans l'*électricité artificielle* , qu'un effet *passager* qui ne laisse rien après lui pour entretenir et perfectionner le bien qu'il a opéré.

On pourroit comparer l'électricité , dans ses effets , à un *instrument incisif* , dont on se serviroit pour débarrasser une *plaie* des corps étrangers qui nuiroient au rapprochement des *chairs* ; ce préliminaire peut être nécessaire ; mais si l'on continuoit de frotter la plaie avec cet instrument , au lieu d'y appliquer les remèdes suppuratifs et dessiccatifs dont elle a besoin , on sent le peu de guérisons complètes qui s'ensuivroient , quoique cependant le premier moyen employé eût été salutaire. C'est ainsi qu'il faut considérer l'*électricité* ; sans elle
~~~~~~

je suis très-sûr qu'on peut guérir toutes les *maladies nerveuses* : je crois aussi que dans beaucoup de cas on peut s'en aider préliminairement ; mais il faudra toujours consulter sur cela la NATURE elle-même , manifestée par des malades en *crises magnétiques* , qui sauront *indiquer* d'une manière *affirmative et certaine* , le besoin que pourront avoir de ce moyen accessoire tels ou tels malades ; l'*expérience* apprendra peut-être bientôt que , dans certaines *maladies nerveuses* , il seroit dangereux de se faire électriser.

(2 , *page* 27.) Je dis que tous les effets produits par le secours seul de la *volonté* , sont physiques ; mais qu'est - ce que la *volonté* elle-même ? Cette question , impénétrable jusqu'à présent aux lumières de la physique et de la physiologie , se résoudra peut-être par le secours du *magnétisme animal*. C'est par lui , et par ses effets prodigieux , que l'on apprendra à connoître l'*énergie* et la puissance du VOULOIR. La découverte du *magnétisme animal* , par M. Mesmer , nous conduiroit-elle à nous éclairer autant sur notre existence spirituelle , que sur notre existence physique ? quelle double reconnoissance nous lui devrions ! Je ne décide rien , mais je me plais à croire qu'il en est du *matérialisme* à l'égard de l'âme , comme de la *médecine ordinaire* à l'égard du corps ; l'un peut quelquefois pallier le trouble que cause en nous le désordre de nos passions , comme l'autre ne fait souvent que pallier nos maux. En remontant aux causes premières de notre existence , *Dieu* et la *Nature* , quels avantages moraux et physiques nous en devons retirer !

(3 , *page* 33.) Je considère *Bléton* comme étant habituellement dans une espèce de *crise magnétique* naturelle ; il ne découvre les sources que par la sensation qu'il éprouve à leur approche , comme s'en est assuré M. *Thouvenel* ; dès lors , il lui est impossible de s'y tromper : mais sitôt que son état de *crise* diminue , ses *sensations* analogues diminuent de même ; et il rentre dans la classe commune à tous les hommes. Si l'on se sert alors de lui pour découvrir *les sources* , il doit être sujet à se tromper, et c'est ainsi qu'on l'a vu plusieurs fois être en contradiction avec lui-même. La raison en est simple ; c'est qu'on ne peut se faire idée d'une *sensation* qui n'existe plus , encore moins se conduire d'après une *sensation passée.*

La même chose s'observe chez les *somnambules* qui atteignent au moment de la guérison ; leurs sensations perdent peu à peu leur subtilité ; et leurs *indications* sont beaucoup moins sûres que dans l'état de *maladie* parfaite.

J'ai été témoin , dans mon *traitement magnétique* , d'un fait qui pourra , par sa ressemblance , expliquer la conduite de *Bléton.*

Un paysan de *Carré-l'Étompe* , en Bourgogne , avoit passé par l'état de *crise magnétique* pour arriver à la guérison parfaite d'une maladie très-grave ; dans le temps de ses *crises* , il avoit les *sensations* très-déliées , et tous les malades avoient une très-grande confiance en lui ; il découvroit parfaitement *la cause du mal* , et apparemment , au moyen de quelques connoissances acquises précédemment, il s'entendoit assez bien à ordonner des remèdes simples et salutaires. Un jour, passant auprès d'un cabaret du village, je demandai la cause de la foule du monde que j'y voyois rassemblé ; on me dit que c'étoient des malades qui venoient consulter *le Bourguignon*. J'imaginois d'après cela qu'il étoit apparemment *en crise magnétique :* je m'approche ; mais quelle est ma surprise de le voir les yeux bien ouverts, *toucher à droite et à gauche* tous ces pauvres gens, et leur ordonner des remèdes à tort et à travers. Heureusement j'étois arrivé à temps pour désabuser tout le monde. Je déclare devant tous qu'il ne falloit ajouter aucune foi à ce qu'il avoit pu dire dans cet état ; que, *passé le temps de sa crise*, il étoit aussi ignorant que moi et que tous les autres hommes dans la connoissance des maladies, et je mis mon rusé paysan dans une confusion extrême. Je lui fais les reproches les plus vifs de la tromperie qu'il venoit de faire ; il m'en demande pardon, et m'avoue que, persécuté par beaucoup de monde qui lui venoit demander de leur répéter ce qu'il leur avoit dit dans *sa crise*, il n'avoit pas voulu rester court, d'autant qu'on lui promettoit de le payer pour ses consultations. Voilà comme, dans tout, le mensonge est auprès de la vérité.

(4 , *page* 37.) Voyez aussi les ouvrages sur l'électricité, de M. le comte *de Lacepède*. Les aperçus de cet estimable physicien sur la nature et les effets du *fluide électrique*, sont presque tous réalisés par la DÉCOUVERTE de M. *Mesmer*.

(5 , *page* 38.) Le fumier des animaux et toutes les secrétions *animales* en général, si favorables à la vé-

gétation, ne produisent cet effet avantageux, qu'en raison des émanations du *fluide animal*, qui s'en dégagent par la *putréfaction*. Cette opération, dans le règne végétal, est la même que celle du *phosphore* dans le règne minéral.

Pourquoi le *charbon* et la pierre *calcaire* sont-ils de si bons *fondans* de toutes les *mines* en général, si ce n'est à cause des émanations du *fluide animal* et *végétal* que ces deux substances contiennent en quantité, et qui, se dégageant par la *combustion*, vont se porter sur les substances métalliques pour en former des *métaux* d'autant plus parfaits, que les *fondans* employés sont plus surchargés de ce qu'on appelle du *phlogistique*, autrement dit, du *fluide universel?*

L'entretien de la *vie* dans les animaux ne s'opérant immédiatement que par le secours du *règne végétal*, médiatement par le secours du *règne minéral*, ne prouve-t-il pas bien encore *un seul agent dans la nature?* De tous côtés, l'on ne voit qu'un passage de mouvement, qui, par ses différentes modifications, produit toutes les différences physiques.

(6, *page 52.*) Pour se faire une idée juste de l'état de *somnambulisme magnétique*, il faut assimiler cet état, dans le règne animal, à celui de l'aimant dans le règne minéral. Les phénomènes que présente ce dernier, sont analogues à ceux qu'on doit obtenir d'un homme dans l'état magnétique.

M. Mesmer a dit souvent à qui a voulu l'entendre, qu'un homme dans l'état naturel avoit des poles, un équateur, et étoit aimanté naturellement; que le but du magnétisme étoit de mettre cet *aimant animal* sur son pivot, et qu'aussitôt l'on reconnoîtroit dans l'homme les mêmes phénomènes que présente une barre de fer aimantée, aussi sur son pivot : l'expérience prouve à la lettre cette assertion.

L'homme dans l'état naturel peut être comparé à une aiguille de boussole qu'on ôteroit de dessus la pointe où elle est en équilibre ; si vous la mettez à plat sur une table, elle ne cessera sûrement pas pour cela d'être aimantée ; mais tant que vous ne la replacerez pas sur son pivot, elle ne vous donnera aucun signe de direction.

Il est vrai que l'aimant, dans quelques circonstances où vous le placiez, donnera toujours des signes certains de *cohésion*, d'*attraction*, de *répulsion*, avec le fer ou la limaille qu'on lui présentera, tandis que l'homme a besoin (pour ainsi parler) d'être sur son pivot pour présenter ces phénomènes : au reste, l'amitié, l'attrait pour son pays, la sympathie, l'antipathie, etc... pourroient bien n'être chez nous que le résultat de ces effets physiques, modérés et dirigés par notre moralité. Mais une fois qu'un homme aura été mis par un autre homme dans l'état de somnambulisme magnétique, il ne doit plus avoir de relation avec son magnétiseur, et doit, *à la lettre*, présenter à son égard les mêmes phénomènes que manifeste une aiguille aimantée à l'égard d'une barre de fer quelconque : sans cette similitude d'effets, un homme n'est pas dans l'état complet de somnambulisme magnétique.

Les aimans minéraux, ainsi que l'électricité artificielle, peuvent bien avoir quelqu'action sur les corps animés, mais ce n'est jamais que comme stimulans ou comme accélérateurs du mouvement propre de ces corps. Leur effet ne doit être que passager; rarement utile, et souvent nuisible, s'ils sont trop forts ou trop multipliés. La raison en est simple, c'est que l'aimant minéral n'ayant aucune analogie directe avec notre systême, ne peut que causer des émotions passagères, sans jamais communiquer son mouvement tonique; d'où il résulte, dans son application, les mêmes effets et le même danger que j'ai remarqué devoir exister dans le traitement par l'électricité artificielle.

(7, *page* 56.) Le rétablissement dans l'état naturel est la plus facile des *opérations magnétiques*. Pouvant nous considérer, ainsi que je l'ai déjà dit, comme des *machines électriques animales*, parfaites, douées au suprême degré des propriétés positives et négatives; la seule difficulté consiste à monter cette machine, et à savoir en faire usage. Mais dès-lors qu'on est arrivé au point de pouvoir *magnétiser en plus* (pour me servir des expressions d'usage), on doit aussitôt pouvoir *magnétiser en moins* : l'un est la suite de l'autre; c'est la même manivelle qu'on tourne dans un autre sens.

Voyez la note sur la volonté, et réfléchissez sur ce que c'est que la volonté, sur la possibilité de n'en avoir que de bonnes; considérez quels sont tous les accessoires qui peuvent nuire aux bonnes volontés... après quoi vous en conclurez sûrement que c'est presque toujours la faute du magnétiseur, quand il ne fait aucun bien au magnétisé malade. Abstenez-vous

surtout de jamais faire aucune question à l'être que
vous voulez soulager ; les questions font travailler
l'imagination , et celle d'un malade doit toujours être
en repos. Il doit vous importer fort peu qu'il sente
du froid ou du chaud, qu'il s'endorme , ou qu'il ait
des tressaillemens : *veuillez* seulement lui faire du bien ,
et tranquillisez-vous sur les événemens , qui seront
toujours d'autant plus heureux , que le motif qui
doit les déterminer approchera davantage de la pureté
et de la bonté du principe dont il émane nécessairement.

Ce n'est , je le répète , que l'expérience à la main
que l'on pourra faire sentir aux hommes le pouvoir
de leur *volonté*, dont les inquiétudes , les chagrins ,
les maladies , les passions déréglées , et le malheur enfin , n'ont que trop arrêté et anéanti le ressort.

(8 , *page* 57.) J'emploie souvent le mot *toucher*
comme synonyme du mot *magnétiser*. Lorsqu'il est
question d'un nouveau malade , c'est toujours sous
cette seconde acception qu'il faut l'entendre.

Les procédés en ont été indiqués par M. Mesmer
à ses élèves, d'une manière assez précise pour n'avoir
pas besoin d'en faire de nouveau l'explication. L'expérience que j'ai acquise me confirme dans l'idée que
la *tête* et le *plexus solaire* sont les parties du corps
humain qui reçoivent avec plus d'efficacité les *émanations magnétiques*. Les yeux surtout m'en parois-
sent plus susceptibles qu'aucun autre organe. C'est
par un léger frottement sur les yeux que j'achève *le
chargement magnétique*, d'où résulte le *somnambu-*

lisme ; et c'est de même par un très-léger frottement sur ce même organe que j'opère le *déchargement* subit, d'où s'ensuit le réveil et l'état naturel.

L'*attouchement immédiat*, sans pression, est celui que je préfère ; quelquefois cependant, il me semble que j'augmente par un *petit frottement* l'intensité de l'*action magnétique* ; au reste, les données bien senties, chaque magnétiseur peut, sans inconvénient, mettre de légères différences dans sa manière de procéder.

(9 , *page* 62.) Il est rare qu'une maladie *chronique* se guérisse sans le passage de *crises* violentes, soit *convulsives* ou autrement. Le secours qu'on doit attendre du *magnétisme animal* alors, est d'ôter à un malade le *sentiment intime* de ses souffrances, en le mettant dans l'*état magnétique* une demi-heure avant ses accès ; ce dont on peut être toujours le *maître* quand on suit les *indications* qu'il vous donne. La fille dont je viens de parler n'avoit pas été totalement remise dans l'état de santé , ainsi que le récit de *Lehoguais* me l'avoit fait croire ; tous ses accidens avoient bien cessé ; elle étoit véritablement engraissée et ne souffroit plus : mais des révolutions nécessaires n'arrivoient pas , ou n'arrivoient que foiblement ; c'est ce qu'il me fut aisé de savoir d'elle-même , cet automne. La première fois qu'elle vint me trouver , et que je l'eus mise dans l'*état magnétique*, elle me prévint dès lors , à plus de trois semaines de distance, de la nécessité qu'elle avoit d'être *magnétisée* dans ce temps-là , pour opérer chez elle sa guérison radicale. Le jour indiqué par elle, son service l'empêcha de me venir trouver, et je ne la vis que le lendemain. Sitôt qu'elle fut dans l'*état magnétique*, elle m'apprit que la veille au soir elle avoit commencé à *voir*, et que pendant la nuit cela s'étoit arrêté; elle me dit qu'il étoit malheureux pour elle de n'avoir pas été *touchée* avant son époque, puisqu'alors elle se fût passée heureusement et sans souffrances; au lieu qu'à présent elle alloit souffrir beaucoup pendant plusieurs jours. Au bout d'un quart d'heure en effet, il lui prit des étouffemens et des convulsions assez fortes, qui durèrent près de deux heures. Dans ses momens de calme, elle m'indiquoit ce qu'il falloit lui faire et lui donner pour appaiser les coliques affreuses qu'elle ressentoit. Pendant quatre jours, soir et matin, elle eut de semblables accès, toujours *pressentis* d'avance par elle, et devenant plus forts et plus longs en approchant du dernier, qui dura depuis huit heures et demie du matin jusqu'à près de deux heures, après lequel elle m'assura n'en devoir jamais plus ressentir de semblables, et qu'elle étoit totalement guérie. M'ayant prévenu ensuite qu'elle éprouveroit des foiblesses les nuits suivantes, je lui en fis passer deux dans l'*état magnétique*. Lorsque je fus sûr enfin qu'il ne lui arriveroit plus de révolutions d'aucune espèce, je la laissai partir. J'ai su depuis que cette fille avoit continué d'être dans un état certain de santé.

J'ajouterai, par rapport à cette malade, que jamais elle n'a eu *l'idée de ses souffrances :* sachant par elle le moment précis où ses accès devoient lui prendre, j'avois soin de la mettre dans l'*état magnétique* quelque temps auparavant ; ensuite je l'amenois ainsi tranquille dans une chambre disposée à la recevoir : ses accès finis, une femme chargée de veiller sur elle, me la ramenoit dans la première chambre où elle s'étoit *endormie*, et *je l'y faisois revenir dans l'état naturel*. Les spectacles affreux de *matelas* épars, ou de *chambre de crises*, ne lui ont jamais été présentés, et il lui falloit un effort de confiance pour croire tout ce que l'on pouvoit lui raconter d'elle-même.

(10, *page* 156.) Il m'est arrivé un jour de renvoyer *Catherine Montenecourt* chez sa maîtresse dans l'*état magnétique* ; elle fit une lieue et demie sur son *âne*, sans sortir de l'état de *somnambulisme* ; et une fois arrivée, elle mit son âne à l'écurie, fit la commission dont je l'avois chargée auprès de sa maîtresse ; et après s'être assise dans le salon, elle frotta ses yeux et se réveilla. *Je lui avois* DICTÉ *sa conduite en partant*, et deux femmes qui l'accompagnèrent, m'assurèrent qu'elle avoit fait à la lettre tout ce que je lui avois prescrit. Une fois réveillée, son étonnement fut très-grand, comme on peut le croire, de se trouver ainsi transportée chez elle, sans avoir idée du chemin qu'elle avoit fait.

Je cite ce trait extraordinaire aujourd'hui, mais peu important par lui-même, par rapport au *magnétisme*, pour donner une idée de la PUISSANCE qu'on acquiert sur les *êtres magnétiques* ; on peut *agir* sur eux DE LOIN comme de PRÈS ; mais il est toujours imprudent d'user de ce *pouvoir*, à moins de prendre toutes les précautions que la prudence peut suggérer. La fille dont je viens de parler, par exemple, me dit le lendemain de son voyage (étant dans l'*état magnétique*), qu'elle avoit eu peur de tomber dans le chemin, et que cela lui avoit causé une révolution fâcheuse. Elle n'en avoit pas eu de souvenir *dans l'état naturel ;* mais l'effet contraire à sa santé n'en avoit pas moins résulté. Je regarde donc comme dangereux de magnétiser *de loin*, soit pour faire entrer, rester dans l'*état magnétique*, soit pour en faire sortir, à moins d'être bien sûr que rien ne pourra déranger l'effet heureux qu'on veut produire.

Le printemps passé, il n'arriva aucun accident à une femme *éloignée* de moi *d'une lieue*, qui *pendant quatre jours* devenoit par mon ordre dans l'état magnétique à l'*heure indiquée*, où un homme de son village arrivoit chez elle pour se faire *toucher* une plaie qu'il avoit à la jambe; je n'ai pas, j'espère, besoin d'ajouter que, pour agir ainsi de *loin*, il faut s'être mis d'avance *en communication* avec l'être sur lequel on veut opérer, et avoir de lui son consentement parfait : si l'on vouloit magnétiser quelqu'un *malgré lui*, l'on feroit une action *malhonnête*, et si l'on pouvoit y réussir, le magnétisme seroit intolérable.

(11, *page* 170.)

« M O N S I E U R ,

» J'ai l'honneur de vous envoyer ci-joint une re-
» connoissance de l'écrit du sieur Joly ; je le con-
» serverai tout le temps que vous jugerez à propos,

» et j'en ferai l'usage qu'il vous plaira m'ordonner ;
» je ne puis vous dissimuler combien j'ai été surpris
» à la lecture sur ce qu'il explique.

» J'ai l'honneur d'être.... *Signé* RIGAULT. A Sois-
» sons , ce 19 décembre 1784 ».

A cette lettre étoit joint le certificat ci-après :

Je *soussigné* , notaire royal à Soissons , reconnois
qu'il m'a été cejourd'hui , *deux heures après midi* ,
remis un paquet *cacheté* en noir , à mon adresse ; que
l'ayant ouvert , il s'est trouvé une lettre du marquis
de Puységur , datée de Buzancy ledit jour 19 , à laquelle étoit joint un écrit sur une demi-feuille de
papier de compte , pliée en deux ; la première datée
du 18 novembre 1784 , signé *Joly* , la date au-dessous ,
le 18 novembre 1784 , lequel écrit je promets remettre
à mondit seigneur marquis de Puységur , à sa première réquisition. A Soissons , le dix-neuf novembre
mil sept cent quatre-vingt-quatre.

Signé RIGAULT.

(12 , *page* 173.) Ce n'est point une nouveauté
qu'a dite M. Mesmer , lorsqu'il a assuré que la *mu-*
sique étoit un moyen propre à renforcer l'agent de la
nature ; de tout temps l'on a été d'accord sur l'effet
que la musique pouvoit produire sur les hommes.

Cet effet est plus ou moins grand , en raison de
leur sensibilité , mais tous sont susceptibles de l'éprouver. Il en existe qui avouent n'en avoir jamais ressenti d'émotion : je pourrois presqu'affirmer que c'est
plutôt la faute des musiciens qu'ils ont entendus , que
le défaut de leur organisation : car , enfin , tout être

quelconque est sensible à sa manière , et la musique , surtout la musique chantée , n'est qu'une émanation de sensibilité. L'*amour* , la *tendresse* , la *gaîté* , la *tristesse* , tous les sentîmens s'expriment avec des paroles et du *chant* ; et ces deux moyens combinés doivent donc nécessairement plaire à tout le monde. Il est hors de doute que nos nerfs sont les organes de nos sensations. La *musique* agit donc sur les *nerfs* immédiatement et unie avec l'agent de la nature ; elle doit lui donner un renforcement qui ne peut être que favorable à l'effet bienfaisant qu'on veut obtenir. C'est ce qui est arrivé à Joly , et ce qui peut-être a contribué à *diviser* ses crises nerveuses en un nombre de périodes bien plus grand qu'il ne l'avoit d'abord pressenti , et lui a laissé la force d'en soutenir la durée. On sentira facilement le risque qu'auroit couru ce jeune homme , si le mardi , au lieu de quatre accès éparpillés dans la journée , il les eût éprouvés rassemblés en un seul ; il est à présumer qu'il y eût succombé , et n'auroit que trop vérifié ses funestes pressentimens. Cet exemple vient à l'appui des procédés de M. Mesmer. Les instrumens dont il joue , prouvent assez les secours qu'il a senti pouvoir tirer de la musique ; et le choix de son instrument prouve de même ses réflexions profondes. En effet , l'*harmonica* peut être considérée comme le rassemblement de petits plateaux électriques , dont le mouvement accumulé se manifeste par le son , lequel , combiné avec le mouvement animal , doit produire un magnétisme très-efficace. Ce ne sera pas dans le tumulte des baquets nombreux des grandes villes , que l'on pourra tirer des secours bien avantageux de la musique. La plupart des malades, accoutumés à en entendre, ne l'écouteront qu'avec indifférence ou ennui. Le luxe des meilleures choses nuit au bonheur de les sentir et de les apprécier; mais je suis cependant assuré que, dans tout état, un être assez malade pour ne pouvoir jouir ni des spectacles, ni des agrémens de la société, sera susceptible encore d'être ému par une musique analogue à son caractère; à plus forte raison, lorsque cet être sera dans un état de spasme ou de convulsion, qui, rendant passives toutes ses dispositions morales, n'en rendra son organisation physique que plus propre à être remuée par l'agent de la nature.

(13, *pag.* 188.)

De Dormans, ce 18 *décembre* 1784.

« MONSIEUR,

» J'ai été aussi surpris qu'honoré de votre lettre datée du 13 décembre ; apparemment que mon fils ne savoit pas bien votre adresse lors de ma réponse à celle du 28 novembre.

» Non, Monsieur, je ne puis exprimer ma reconnoissance de toutes vos bontés ; je ne pouvois rien désirer de plus satisfaisant que de revoir mon fils, non-seulement guéri de sa surdité et de ses hernies, mais même d'avoir échappé à une maladie que le magnétisme seul ne pouvoit faire avorter : il est arrivé chez moi dans la santé la plus parfaite, et il est actuellement dans un embonpoint à ne le pas reconnoître.

» Je vous prie, Monsieur, de vouloir bien ne pas

borner là vos bontés pour un jeune homme pour qui
il paroît que vous prenez tant de part. Si la guerre a
lieu , comme il y a toute apparence , et que vous fas-
siez quelques campagnes , vous pourriez lui faire avoir
quelqu'emploi qui pût l'exempter de la milice , puisque
le bienfaisant magnétisme lui a retiré les raisons qu'il
avoit à alléguer pour n'y pas être sujet. *Signé* JOLY
père ».

(14 , *pag.* 190.) Au défaut de M. Mesmer , le meilleur moyen à prendre pour obtenir de bonnes expériences à Paris , seroit , je crois , de choisir parmi ses
élèves deux hommes prudens et sages , portés par in-
clination et affection particulières à soulager l'humanité , et assez indépendans des circonstances environ-
nantes , pour pouvoir se livrer sans réserve à la pratique du *magnétisme animal.* Qu'alors il soit établi deux
traitemens particuliers , séparés entièrement l'un de
l'autre , dont chacun des deux élèves ait la direction
entière et exclusive ; que l'on n'admette que de nouveaux malades , et que le nombre n'excède pas vingt-
cinq dans chaque traitement. Ces établissemens for-
més , qu'aucun magnétiseur ne se permette d'y venir
opérer , à moins que le chef du traitement n'y con-
sente , et même ne l'en prie instamment ; car ce n'est
qu'autant que les *émanations magnétiques* partiront
d'une unité de principe et d'intention , qu'on doit
s'attendre à des effets constans et toujours heureux.
Il faut non-seulement que l'aide d'un magnétiseur se
mette en harmonie physique avec le chef , par l'attouchement, mais il faut encore qu'il règne entr'eux une

harmonie morale et intérieure : les gestes extérieurs ne produiroient rien, si les intentions n'étoient pas d'accord entr'elles. C'est ainsi qu'il faudroit, pour ainsi dire, que tous les aides magnétiseurs ne se regardassent que comme des conducteurs passifs du chef, et que tel qui auroit dirigé en maître un traitement pendant long-temps, se soumît volontairement à n'être que secondaire chez un autre : je ne crois pas que sans cet accord on puisse jamais parvenir à de bons résultats.

M. Mesmer a dit tout cela ; mais quel moyen surnaturel il lui auroit fallu pour contenir trois cents élèves, la plupart doutant encore de sa doctrine ! Que de contrariétés et de peines il a dû essuyer de la multiplicité d'opinions en opposition avec la sienne ! et combien le tribut de reconnoissance que nous lui devons, doit être mêlé de regrets d'avoir été si long-sans temps l'entendre !

Mon frère, chez moi, vouloit bien n'être que conducteur, ainsi que je viens de le dire : aussi faisoit-il le même bien, et opéroit-il les mêmes effets que moi sur mes malades : si je me trouvois chez lui, nous changerions de rôle, et les mêmes résultats, j'espère, s'ensuivroient.

Lorsqu'il vouloit traiter les malades à mon baquet, il venoit m'en prévenir ; si cela me convenoit, je lui touchois les pouces pendant quelques instans : étant ainsi en harmonie avec moi, j'étois sûr que mes malades n'y apercevroient aucune différence. S'il arrivoit que ni mon frère ni moi ne pussions aller soigner un malade dans l'état magnétique, qui pourtant avoit besoin de soins, il me suffisoit alors de toucher le premier venu, des dispositions duquel j'étois sûr, et ce dernier, sans même avoir besoin de parler au malade, pouvoit s'en approcher, le toucher, et même s'en faire suivre, pour l'amener chez moi dans l'état de somnambulisme, aussi facilement que j'eusse pu le faire moi-même.

(15, *page* 195.) M. Mesmer dit dans une de ses propositions, que le magnétisme animal présentera les mêmes phénomènes que ceux qui s'observent dans l'électricité. Rien n'est plus vrai ; l'attraction, la répulsion, la communication par la chaîne, chargement et déchargement à volonté ; tous ces différens effets sont aussi aisés à produire par le magnétisme animal que par l'électricité. Sitôt qu'un être quelconque est reconnu susceptible de devenir somnambule magnétique, on peut défier hardiment les gens les plus incrédules, en les rendant témoins de ces différens phénomènes. De bander les yeux à un être magnétique, ne nuit en rien au succès des expériences, et l'on ne doit jamais s'y refuser pour affermir la croyance de ceux qu'on veut persuader.

Plusieurs personnes m'ont demandé à quel signe on peut reconnoître quand un malade est dans l'état de somnambulisme magnétique ; rien n'est plus aisé que de s'en apercevoir : il ne doit d'abord avoir d'analogie avec aucun autre que celui qui l'a magnétisé, il ne doit répondre et n'obéir qu'à lui : l'approche de tout être animé, hormis le magnétiseur, doit lui être insupportable. Mais veut-on faire une expérience plus convaincante pour soi et pour les autres ; placez votre être magnétique dans un coin de la chambre , et bandez - lui même les yeux , si vous voulez ; il ne doit répondre qu'à vous. Comme je l'ai dit plus haut , faites - le questionner par une autre personne : s'il est bien dans l'état magnétique , il ne doit pas l'entendre ; alors touchez seulement du bout du doigt la personne qui le questionne , il l'entendra sur - le - champ , et ne l'entendra plus , sitôt que vous aurez retiré votre doigt. Il n'y a pas un des malades cités dans ces mémoires , que je n'eusse été dans le cas de soumettre , tant qu'on l'auroit voulu , à cette expérience , et toujours avec le même succès : plus un être est malade , plus sa dépendance est absolue à l'égard de son magnétiseur ; et à mesure qu'il guérit , elle diminue , jusqu'à ce qu'enfin il entre en relation avec tout le monde.

État des papiers qui attestent la guérison de différentes maladies par le moyen du magnétisme animal, déposés ès mains de Me Rigault, notaire royal à Soissons, par M. le marquis de Puységur, seigneur, vicomte de Buzancy, et dont il est fait mention dans cet ouvrage.

1°. Certificat de la première guérison du sieur Joly.

2°. Lettre de Belmont, du 28 août 1784.

3°. Autre *idem*, du 10 septembre 1784.

4°. Certificat de M. Caflish, prieur-curé d'Espiés.

5°. Consultation pour Viélet, *signé* Duchasnoy.

6°. Autre *idem*, *signé* Jumilther.

7°. Autre *idem*, *signé* Dinot.

8°. Autre *idem*, *signé* Petit, de Soissons.

9°. Certificat de M. Mosnier, doyen de Bercy.

10°. Certificat de M. le Dru, chirurgien.

11°. Écrit du sieur Joly, du 16 octobre 1784.

12°. Écrit du même, du 18 novembre 1784.

13°. Écrit du même, sur deux feuilles, du 22 novembre 1784.

14°. Écrit du sieur Joly, sur deux feuilles, du 23 novembre 1784.

Idem, sur le revers, un écrit du même jour, à cinq heures du soir.

15°. Écrit du sieur Viélet, sur lequel sont ces mots : *Je suis guéri*, etc., daté du 30 novembre 1784.

16°. Certificat de mademoiselle Mignot, du 4 décembre 1784.

17°. Certificat de M. Rougeaux, prieur-curé de Verdilly, et des autres habitans, du 20 novembre 1784.

Tous lesquels papiers je promets remettre à mondit sieur marquis de Puységur, à sa première réquisition. A Soissons, cejourd'hui quatre décembre mil sept cent quatre-vingt-quatre.

Signé RIGAULT.

18°. Autre certificat dudit sieur Rougeaux, curé, du 2 décembre 1784.

Cette dernière pièce m'a été aussi déposée, que je promets rendre comme ci-dessus, à la première réquisition de mondit seigneur marquis de Puységur, lesdits jour et an.

Signé RIGAULT.

SUPPLÉMENT.

M.

Pendant l'impression de mon ouvrage, il s'est passé un évènement qui me paroît de nature à vous intéresser. Je vais vous en faire d'abord le récit avec la dernière fidélité ; après quoi je vous ferai observer les conséquences qui en résultent.

Le hasard a voulu que *Victor*, le premier malade dont il est question dans ces mémoires, vînt à Paris pour y conduire un de ses frères. Il me vient trouver, me dit le sujet de son voyage, et m'annonce qu'il repart le lendemain. L'ayant questionné sur sa santé, il m'apprend que, huit à dix jours avant son départ de Buzancy, il avoit fait une chute violente ; que depuis, il souffroit considérablement de la tête, et que tous les soirs il se sentoit des mouvemens de fièvre. Son indisposition m'engage à le faire rester, espérant, à l'aide du magnétisme, pouvoir le guérir promptement.

Je le mets dès le soir même dans l'état magnétique, c'étoit vendredi 21 janvier. La fatigue de son voyage l'empêchoit, me disoit-il, de bien connoître son état; il aperçut cependant que son mal de tête ne se passeroit pas sans saigner du nez et de la bouche; ce qui, me dit-il, ne lui étoit jamais arrivé.

Le lendemain, étant plus reposé, il me dit, dans l'état magnétique, qu'il falloit qu'il fût saigné du bras gauche, que c'étoit absolument nécessaire.

Revenu dans l'état naturel, l'idée de la saignée l'effrayoit, parce que, disoit-il, il ne l'avoit jamais été qu'une fois dans sa vie, étant encore bien jeune.

Sitôt que je le remettois dans l'état magnétique, dirigé alors par son seul instinct, il me reparloit de la saignée, et finalement il m'indiqua le jour et l'heure où je devois appeler le chirurgien; ce fut le mardi 25, entre onze heures et midi.

Une fois la saignée faite au bras gauche, la tête, du même côté, ne lui faisoit plus de mal; mais il continuoit à sentir du mal au côté droit. Je le mis le soir dans l'état magnétique, et j'appris alors de lui, que le reste de son mal se dissiperoit de lui-même, par un écoulement de sang et d'eau, qui sortiroit par la bouche : il m'en indiqua le moment pour la nuit du 26 au 27 ; ce qui effectivement a eu lieu, comme je m'en suis assuré le matin du 27.

Je le croyois totalement guéri, et pour m'en assurer, je le mis dans l'état magnétique ; c'étoit le jeudi matin 27 : mais alors il m'apprit qu'il lui restoit encore du sang dans la tête, et que c'étoit par le nez qu'il devoit en être débarrassé ; il m'indiqua le samedi suivant 29, pour l'accomplissement de cette *pressensation*.

Pendant tout ce temps, j'avois invité secrètement plusieurs personnes à venir voir mon somnambule. Je l'avois mené deux fois chez M. Mesmer. Les différentes expériences auxquelles on le soumettoit, servoient à l'affermissement de la croyance, sans nuire à sa santé, vu que tout se faisoit de bonne foi et de mon plein consentement. Je regardois déjà sa guérison comme certaine, et mon intention n'étoit sûrement pas d'y donner aucune publicité.

Mais le jeudi soir, me trouvant à souper avec très-peu de monde chez madame de***, à qui j'avois fait part plusieurs fois de quelques

faits passés dans ma terre, et qui m'avoit té-
moigné le désir le plus grand d'être témoin
d'une expérience, la conversation se porta sur
le magnétisme. Je suis sûre de votre bonne
foi, me dit madame de ***; mais ce que vous
me contez est si difficile à croire, que jusqu'à
ce que j'aie vu par moi-même une partie de
toutes ces merveilles-là, je penserai que vous
vous abusez, que vous vous trompez vous-
même. Réfléchissant alors que j'avois sous la
main une occasion toute naturelle de satisfaire madame de ***, je l'assurai que j'étois
dans le cas de lui montrer, dès le soir même,
la preuve de toutes mes assertions : elle y
consent. Je vais chercher *Victor*, et le lui
amène dans l'*état magnétique*. Depuis onze
heures du soir jusqu'à une heure du matin, je
lui fis voir et exécuter elle-même toutes les
expériences magnétiques dont je l'avois souvent entretenue. Madame la marquise de ***
put se convaincre aussi par elle-même de tous
ces effets.

A l'égard de M. le marquis de **, qui voulut
aussi répéter les mêmes expériences, je ne fus
pas long-temps à m'apercevoir que le doute
extrême où il étoit, apportoit une telle incer-
titude dans ses volontés et ses mouvemens,

que le sujet magnétique n'éprouvoit que des contradictions sans aucune détermination positive : après avoir essayé plusieurs fois sans succès, il me dit, avec un ménagement affecté, qu'apparemment il n'étoit pas propre à répéter les expériences magnétiques. Je fis mon possible pour lui inspirer une confiance dans ses moyens. Croyez pour un moment, lui disois-je, la chose possible, et agissez avec l'envie de vous en persuader, je ne vous demande ensuite qu'une volonté constante, point de geste, et vous verrez que cet être magnétique, totalement passif, répondra sans balancer à toutes vos indications ; hormis tout ce qui blesseroit sa conscience et la vôtre, il ne doit se refuser à rien. M. de ** se refusoit à répéter les expériences ; je l'en presse de nouveau, en lui indiquant de mon mieux les moyens de réussir : il cède, et ses seconds essais ne le satisfont pas davantage. J'en suis bien fâché, lui dis-je, mais c'est votre faute : ces dames, pendant plus d'une heure, avoient réussi dans presque toutes leurs expériences ; un peu plus de confiance en moi vous eût fait obtenir les mêmes résultats.

Quoi qu'il en soit, il me sembla que l'opinion de M. de ** avoit apporté des doutes dans l'esprit de ces dames ; elles crurent s'être fait illusion elles-mêmes, et le rôle que je jouois devenoit des plus désagréables. Monseigneur le duc de** étoit témoin de cette scène ; et en changeant d'opinion sur mon compte, je devenois un homme méprisable, venu pour suborner la crédulité du plus honnête homme du monde. La délicatesse ne connoît pas de milieu, et tromper la bonne foi, de quelque côté qu'on l'envisage, est toujours une indigne action dont on ne devoit pas me croire capable. J'avois l'âme ulcérée ; et sentant trop tard mon inconséquence, je m'en allai, après avoir mis mon somnambule dans l'état naturel.

On lui avoit fait des questions sur l'époque de sa guérison totale, auxquelles il avoit répondu que, le *samedi suivant*, elle s'opéreroit par un dernier saignement de nez, et que ce ne seroit que le lendemain qu'il en pourroit assigner l'*heure*.

Madame de ***, avant de sortir, me dit que peut-être ce seroit encore la *nuit* que s'opéreroit cette prédiction. Je sentis vivement cette ironie ; mais sans le faire paroître, je lui répondis que j'aurois l'honneur de l'en instruire le lendemain matin.

En effet, le lendemain vendredi 28, j'écrivis

à madame de *** un billet, dont je n'ai pas conservé de copie, dans lequel je lui mandois que Victor, qu'elle avoit vu la veille, assuroit que le lendemain *samedi*, entre *midi* et *une heure*, sa guérison auroit lieu; qu'il *saigneroit du nez, de la narine droite* seulement, sans qu'une goutte de sang sortît par la narine gauche; et qu'aussitôt cet écoulement de nez fini, il cracheroit encore un peu de sang et d'eau; que si elle désiroit être témoin de ce fait, je lui menerois le lendemain mon malade. Sa réponse verbale fut de le lui mener à l'heure indiquée.

Le *samedi*, je me rendis à onze heures et demie au rendez-vous donné la veille. Victor arriva un moment après : il me fut aisé de voir, à l'air dont on me recevoit, que l'on n'avoit nulle confiance en moi. Ma position étoit très-embarrassante, mais je m'étois trop avancé pour pouvoir reculer; d'ailleurs, sûr comme je l'étois, de l'accomplissement de la prédiction, je devois m'attendre qu'à un fait de cette espèce, on n'auroit plus de doute à m'opposer.

Je mets donc *Victor* dans l'état magnétique, et j'attends en silence l'évènement annoncé. Lui-même alors répète qu'à midi et demi son saignement de nez aura lieu. Le froid le plus glacial étoit dans tous les maintiens, et à moins de me dire en face que j'étois un charlatan, on ne pouvoit pas garder un silence plus mortifiant pour moi.

Je souffrois tout ce qu'on peut dire. Néanmoins je demande à madame de *** quelles sont les objections qu'elle pourra faire après l'événement, afin de les lever, s'il est possible, d'avance ; je lui dis que s'il y a dans la maison un chirurgien, je consens que mon malade soit visité. Madame de *** m'indique M..... et la visite a lieu ; le chirurgien dit d'abord qu'il aperçoit de la *pommade dans le nez* ; un moment après il en tire un peu d'ordure, qu'il dit être un corps graisseux ; j'étois sur les épines d'une enquête aussi injurieuse, au point de ne pouvoir pas même rire de pitié de la décision de ce chirurgien. Je force mon malade à tout supporter ; on lui fait ouvrir la bouche, et enfin, à l'exception *du corps graisseux*, on ne découvre rien.

A midi et demi enfin, *Victor* annonce que le sang va sortir ; je le fais se coucher par terre ; on apporte une assiette, et après de très-légers efforts, *le sang* sort par la narine indiquée : j'entends dire autour de moi que ce sang étoit d'une singulière nature ; que pour un abcès rendu, sa couleur étoit bien pure. Le chirurgien appuie cette opinion, et moi je réponds que je ne sais pas comment le sang devroit être ; que probablement il ne peut être autrement qu'il n'est, puisque c'est la nature seule qui s'en débarrasse.

Après le saignement de nez, les crachats mêlés de sang arrivent en petite quantité, comme le malade l'avoit annoncé, et la prédiction a enfin son plein effet. De midi et demi à une heure, tout s'étoit terminé.

Il sembleroit qu'après un tel fait, il n'y avoit plus qu'à chercher la cause qui l'avoit produit, et que sa réalité étoit bien constatée : mais point du tout, je vois régner la même méfiance ; on met l'éloignement le plus grand à me questionner : enfin je demeure confondu de l'air embarrassé et peu satisfait de tous les témoins de cette scène. Peu à peu le salon se vide ; madame de ***, occupée d'un dessin, ne me dit pas un mot, jette à peine les yeux sur moi ; on eût dit enfin que je lui inspirois la pitié la plus grande. Je me disposois à me retirer avec toute la confusion apparente d'un joueur de gobelets maladroit qui a manqué ses tours, quand madame de *** me dit que Victor, qui étoit toujours resté dans *l'état* *magnétique*, lui avoit demandé un entretien secret.

Je me retire dans l'autre chambre, et je n'eusse jamais rien su de cette conversation, sans l'accident nouveau de Victor, dont je vais faire le détail.

M. de ***, le même qui avoit si peu réussi dans les expériences de curiosité du jeudi, me demanda aussi un entretien secret avec Victor : j'y consentis d'autant plus volontiers, que la vérité qui me guidoit, ne me laissoit rien craindre de toutes ces particularités. Cette seconde conversation fut plus longue, et une fois terminée, je réveillai Victor, et sortis de la chambre sans avoir aucun frais de complimens à faire, car on eut, pour ainsi dire, l'air de ne pas s'en apercevoir. Il me semble cependant que, comme simple tour de gibecière, celui que j'avois fait étoit de nature à mériter un petit applaudissement.

Quoi qu'il en soit, mon homme étoit guéri, et c'étoit pour moi l'intérêt principal ; je ne le revis pas de la journée : le lendemain, dimanche, lui ayant donné permission de courir dans Paris, je ne le revis pas non plus. Il devoit partir le lundi ; je le demandai inutilement toute la matinée, pour lui donner mes lettres, mes gens me dirent qu'on ne l'avoit pas vu depuis la veille, que peut-être il s'étoit enivré, et n'avoit pu rejoindre la maison; j'en étois fort inquiet. Enfin, à quatre heures après midi, je le retrouve en rentrant. Mais loin de voir Victor dans l'état de santé où je me le figurois, je vois un homme abattu, pouvant à peine parler, et tremblant de tous ses membres. Je le questionne sans pouvoir en rien tirer de satisfaisant, et j'en conclus qu'apparemment il est ivre : il me répond aux reproches que je lui fais, que le mal qu'il éprouve ne lui vient pas d'avoir bu; que son état est affreux, et que depuis le matin il souffre horriblement de tout son corps.

Je l'amène dans une chambre particulière, où je le magnétise, espérant, s'il est malade, m'éclaircir par lui-même de la vérité. Aussitôt qu'il est dans l'état magnétique, il m'apprend que, depuis le matin dix heures, tous ses sens étoient dans un mouvement violent; que si je n'ai pas pitié de lui, il ne peut revenir de l'état où il est; qu'il n'a plus sa tête; qu'enfin, depuis le matin, il avoit couru tout Paris comme un fou, en pleurant et se désespérant. Quelle est la cause, lui demandai-je, de cet état horrible? Vous en êtes cause en partie, me répondit-il; que ne me mettiez-vous dans la situation où je suis, en sortant de chez madame de ***? je vous aurois tout conté, et vous eussiez pu alors m'éviter les souffrances qu'il faut que j'endure à présent. Explique-toi, Victor, que veux-tu dire? Vous savez bien les conversations que j'ai eues en particulier : comment n'avez-vous pas été curieux de savoir ce qui s'étoit passé? — Je n'ai pas cru devoir m'en informer. — Pourquoi cela? me répliqua-t-il; vous savez bien que lorsqu'il y a des secrets, je ne vous les dis pas; mais quand on m'a fait du mal, il faut que je vous le dise. — De quel mal veux-tu parler? — Je me suis désolé toute la journée, parce que je ne savois pas d'où venoient mes souffrances, mais à présent j'en vois la cause : madame de ***, ni personne de chez elle n'ont cru véritable ce qui m'est arrivé. Enfin il me raconta alors que dans les deux conversations particulières que l'on avoit eues avec lui, on l'avoit soupçonné de mentir, de s'être fait saigner exprès du nez, qu'on avoit voulu lui faire ouvrir les yeux, qu'on avoit employé pour cela toute sorte de moyens, qu'il avoit eu beau assurer que dans l'état où il étoit, il ne pouvoit mentir, que rien n'étoit plus vrai que son cœur et ses paroles, qu'on n'en avoit rien cru , et qu'on l'avoit quitté en lui disant qu'il étoit bien malin , et beaucoup de choses de cette nature ; qu'enfin tout le tourment qu'on lui avoit fait essuyer , étoit la seule cause de l'état où je le voyois.

En m'instruisant de ce qu'il ressentoit , il me donnoit une inquiétude d'autant plus grande, qu'il ne me laissoit rien entrevoir des moyens de le soulager, ni du terme de ses souffrances. Je voulus qu'il se couchât ; mais une fois dans son lit , il m'assura que cette position lui étoit pénible , que si je voulois lui permettre de passer la nuit sur un fauteuil dans ma chambre , il y seroit mieux , et souffriroit moins qu'éloigné de moi. J'y répugnois un peu ; je craignois qu'il ne fût devenu fou , et qu'il ne me réveillât d'une manière fâcheuse : néanmoins , enhardi par plusieurs faits précédens , je le laissai passer la nuit dans ma chambre , et je ne fus pas réveillé.

Le lendemain mardi , 1er février , il me dit qu'il n'avoit pas reposé de la nuit ; qu'il s'étoit promené plusieurs fois dans la chambre ; que ses sens cependant n'étoient pas si troublés que la veille. Je lui demandai s'il vouloit ouvrir les yeux ; il me dit qu'aussitôt qu'il les ouvriroit , je le verrois dans un tremblement universel, et que, pour peu que je le laissasse ainsi, tout le bien que la nuit avoit opéré se réduiroit à rien ; que ce qui pouvoit lui être le plus favorable étoit de toujours rester en crise. Le nom des personnes qui l'avoient tourmenté lui revenoit sans cesse, et il se désoloit d'avoir été entre leurs mains.

A dix heures je lui ouvris les yeux, et l'état où je le vis tout à coup m'effraya singulièrement ; tous ses membres trembloient si fort, que voulant prendre un verre d'eau, il le répandit sans pouvoir l'approcher de ses lèvres ; il vouloit savoir la cause de l'état affreux où il se voyoit, et je ne pouvois lui rien dire de satisfaisant. Pour obéir à ses indications, je le magnétisai sur-le-champ, et peu à peu son corps reprit son assiette ordinaire ; il me dit ensuite de ne pas l'éveiller avant le lendemain matin.

Dans le courant de la journée, il pressentit sa guérison, et put me tranquilliser. Dans quatre jours, me dit-il, si je ne sors pas de votre chambre, je serai guéri : cela m'avance beaucoup de rester long-temps dans l'état où je suis. Il passa la nuit de même que la précédente, sur un fauteuil, sans vouloir se coucher.

Le lendemain matin , mercredi 2 , il me confirma le bon effet de la nuit passée ainsi : il me dit de ne le tenir éveillé qu'une demi-heure , et de le remettre en crise ensuite ; qu'aussitôt qu'il ouvriroit les yeux , il verroit tout tourner autour de lui , et que quand ce singulier effet cesseroit , les tremblemens lui prendroient.

A dix heures et demie je l'éveillai ; ce qu'il avoit annoncé lui-même arriva ; il s'en étonnoit , et se chagrinoit de nouveau : heureusement je pouvois alors le tranquilliser , en lui annonçant que dans peu il seroit bien rétabli.

Au bout d'une demi-heure , le tournoiement cessa , et les tremblemens lui prirent ; je le mis alors en crise , et la tranquillité succéda. Il me dit , comme la veille , de le laisser jusqu'au lendemain dans cet état.

Dans le courant de la journée , il augmenta beaucoup ma tranquillité , en me disant qu'il pressentoit que sa guérison s'avançoit beaucoup , et qu'encore une nuit passée dans ma chambre , finiroit sa maladie , dont il seroit débarrassé le lendemain.

Il avoit eu la fièvre la veille : il me dit qu'il l'auroit encore très-forte à trois heures après-midi ; ce qui a eu lieu véritablement.

Dans une autre conversation , il me dit qu'il croyoit que, passé le lendemain , il seroit si bien portant, que je ne pourrois plus le mettre en crise. Ce n'est donc pas, lui dis-je, les contradictions qu'on vous a fait éprouver qui ont causé cette maladie , puisqu'elle étoit nécessaire à votre parfait rétablissement.

Si fait , me répondit - il , elles ont avancé en moi une maladie que je n'aurois eue que cet automne ; jusque-là , quoique je me fusse bien porté , j'aurois toujours été sujet à tomber en crise , au lieu qu'à présent, je pourrai faire la chaîne avec vos malades , aller à l'arbre ; enfin ni vous , Monsieur , ni d'autres , n'aurez le pouvoir de m'endormir. En ce cas , lui dis-je , bien loin d'être fâché de ce qui vous est arrivé , j'en suis charmé , puisque la fin en devient si heureuse. C'est un hasard , me repartit-il , que cela se passe ainsi ; car , si je fusse parti le lundi , comme vous me l'aviez ordonné , mon mal m'eût pris dans le chemin , et je serois sûrement mort , ou devenu fou : on eût dit que le magnétisme en étoit la cause , et cependant ce n'eût été , Monsieur , que votre faute. — C'est une instruction pour l'avenir : je ne ferai sûrement plus une pareille école. — Il est malheureux pour moi d'être votre sujet d'expérience ; j'ai commencé chez vous le magnétisme et je le finis ; mais, reprend-il, ne pensons plus à tout cela, je vais bien me porter, et mieux que jamais je n'ai fait ; vous serez content et moi aussi, vous verrez demain si je ne vous dis pas vrai.

En rentrant le soir à minuit, je vois Victor debout dans ma chambre et les yeux ouverts : je m'en étonne ; un de mes gens me dit qu'il s'étoit réveillé tout seul il y avoit un quart d'heure ; il voyoit tout tourner comme le matin, et un moment après, les tremblemens lui reprirent ; ce qui m'obligea de le remettre en crise.

Sitôt qu'il fut dans l'état magnétique, il me dit : — Savez-vous, Monsieur, pourquoi je me suis réveillé tout seul ? — Non. — C'est que c'est un adieu que je fais au magnétisme ; cela ne m'étoit jamais arrivé jusqu'à présent ; mais comme je vais être bien guéri demain, et que je ne tomberai plus en crise, ma susceptibilité se perd peu à peu. — Voulez-vous aller vous coucher cette nuit ? — Non pas, à moins que ce ne soit dans votre chambre, parce que je me réveillerai encore une fois tout seul, et il faudra que vous me remettiez comme je suis.

A une heure et demie, en effet, il se réveilla ; après les mêmes symptômes que ci-dessus, je le remis dans l'état magnétique, et ayant fait apporter des matelas, je le fis se déshabiller et se coucher.

Il reposa fort bien toute la nuit.

Le lendemain il étoit fort gai. A une heure après-midi, me dit-il, il n'y aura plus de magnétisme pour Victor ; vous vous fatigueriez bien inutilement à vouloir me mettre en crise, vous n'en pourriez venir à bout.

Je le réveillai pourtant à dix heures, et j'observai chez lui les mêmes effets que la veille. Lorsque je voulus le remettre en crise, j'eus déjà plus de peine que de coutume ; mais j'y parvins cependant complètement.

Quand il fut dans cet état, il me répéta qu'à une heure il seroit guéri ; que j'y fusse ou que je n'y fusse pas, il se réveilleroit tout seul, pour ne plus s'endormir de cette manière : il n'avoit pas voulu manger depuis lundi ; de légers bouillons et de l'eau fraîche avoient été sa nourriture. Il me demanda une soupe, m'avertit qu'à son réveil il auroit grand appétit, et qu'il falloit l'empêcher de trop manger, parce que cela lui feroit mal.

Toute la matinée, il fut d'une gaîté singulière, et comptoit les heures et les instans ; à
mesure qu'il avoit avancé de l'époque de sa
guérison , ses relations s'étoient étendues : le
matin du jeudi il entendoit tout le bruit de
la rue.

Enfin, à une heure moins quelques minutes,
quoique je m'attendisse à son réveil , je fus
surpris du bruit que j'entendis ; c'étoit Victor,
qui , comme un éclair , s'élance de son fauteuil , et les yeux bien ouverts, ne fait qu'un
saut jusqu'à la fenêtre. Le plus grand étonnement succède ensuite à son transport , et s'approchant d'une glace , il demeure stupéfait de
la longueur de sa barbe. Je lui demande s'il ne
se ressouvient pas de ce qui lui est arrivé , de
ses différens réveils où il s'étoit vu tremblant.
Il me répond qu'il n'a souvenir de rien de ce
qui lui est arrivé depuis dix heures du matin
du lundi, qu'il est sorti d'un cabaret ; qu'il ne
sait comment , ni qui l'a ramené à la maison.
J'ai beau le remettre sur la voie , lui répéter
ce qu'il m'avoit dit dans ses momens de réveil,
il n'avoit idée de rien.

Sans la longueur de sa barbe , il n'auroit
jamais pu croire qu'il y avoit quatre jours qu'il
n'avoit pour ainsi dire pas vécu.

Q

Son premier étonnement passé, il me demande la permission d'aller manger : j'eus soin de lui ordonner le régime pour toute la journée.

L'après-dîner, sans lui rien dire, je le fis venir pour essayer si effectivement je ne pourrois plus lui faire éprouver les effets du magnétisme ; il étoit si accoutumé à tomber en crise, que je ne pouvois me flatter de la vérité de sa prédiction ; mais au bout d'un quart d'heure de joie pour moi, et d'ennui pour lui, je le vois les yeux bien ouverts, et fort surpris lui-même de ne rien ressentir. Ma satisfaction étoit extrême. J'ai encore essayé le soir, sans plus de succès, ou, pour mieux dire, c'en étoit un véritable que de ne rien produire sur lui.

Aujourd'hui vendredi 4, j'ai tenté tout aussi vainement mon pouvoir magnétique, et à midi je l'ai fait repartir pour Buzancy, avec une santé aussi parfaite que je pourrois la désirer à moi-même.

Cet événement vous fournira, Monsieur, plusieurs conséquences que vous ferez tourner à votre profit personnel, et à celui de la *science magnétique.*

Vous avez pu voir par mon récit, que l'effet du magnétisme est d'être toujours *agissant* sur un individu malade , ou qui porte le germe prochain d'une maladie ; effet qui cesse avec le rétablissement de la santé parfaite. C'est ce que prouve l'exemple de *Victor*, qui , étant resté soumis à l'action magnétique tant qu'il portoit en lui quelque dérangement , est devenu insensible au moment de sa parfaite *guérison*.

D'où nous pouvons conclure avec sûreté , qu'il n'y a pas *guérison parfaite* chez tout sujet qui demeure susceptible de *crise* ou de *somnambulisme*, et que *le magnétiseur* ne doit l'abandonner qu'après l'avoir conduit à l'insensibilité. Sans cette condition , toute guérison apparente doit laisser craindre quelque rechute ou quelques suites fâcheuses. Cette observation , déjà faite sur les cures de *Joly* et de *Viélet*, acquiert une nouvelle force par celle de *Victor*.

En second lieu , l'histoire de *Victor* doit être une leçon pour tout magnétiseur de ne point tenter des expériences indiscrètement , et sans s'être assuré de tous les moyens possibles de les faire réussir et d'en constater la sincérité.

Quand vous voudrez présenter à quelqu'un les phénomènes du *somnambulisme magnéti-*

que, ayez soin que les personnes auxquelles vous communiquerez cette superbe expérience, aient déjà par elles-mêmes quelque notion préliminaire du *somnambulisme*, afin de ne point offrir tout d'un coup à leur incrédulité un prodige trop difficile à concevoir.

Environnez - vous de toutes les précautions qui peuvent conduire à la conviction, et mettre les spectateurs à portée de s'assurer par eux-mêmes de la vérité du fait. Plus l'incrédulité que vous aurez à vaincre sera forte et déterminée, plus le succès sera satisfaisant : mais en même temps n'exposez pas cette *expérience* à des *contradictions* et des tentatives rebutantes, qui ne visent qu'à la faire avorter.

Avec de pareilles dispositions, il n'y a pas d'expérience physique qu'on ne parvienne à rendre illusoire ; et le physicien le plus habile sera réduit à la confusion, s'il opère devant des personnes qui, au lieu d'être attentives à ses opérations, s'occupent à briser ses machines et ses instrumens. Telle a été ma position ; tout avoit réussi à souhait, devant monseigneur le duc de ***, et mesdames de ***.

Arrive le marquis de ***, qui, sans avoir la moindre idée de ce qui s'étoit passé, ne peut *croire* ce qu'on lui raconte, et dédaigne même de se rendre témoin d'un phénomène qui semble résister à la raison.

C'est avec une espèce de violence et le sourire de la pitié qu'il hasarde d'user de la machine que je lui confie ; et son incrédulité le rendant maladroit, il finit par fatiguer l'instrument, sans en tirer aucun profit.

Un autre inconvénient attaché à de pareilles rencontres, c'est que non-seulement l'incrédule trouve dans son mauvais succès une raison nouvelle de douter, mais que même il fait fléchir la croyance de ceux qui, ayant été témoins des succès les plus heureux, craignent d'avoir été trop faciles et de s'être laissé abuser par une apparence trompeuse ; c'est encore ce que vous avez pu voir par l'exemple des personnes que je vous ai citées, qui, revenant sur leurs pas, ont partagé l'incrédulité du marquis de ***....

Ne vous pressez pas de vouloir *prouver* : le magnétisme est assuré aujourd'hui sur une base si solide, qu'il se *prouvera* de lui-même, par une suite de faits, amenés naturellement, et à l'évidence desquels les esprits se rendront tôt ou tard. Le temps fera mieux que tous vos efforts : au lieu de vous occuper à faire des expériences pour autrui, employez vos momens à en faire pour vous-même. Que votre science se perfectionne dans la solitude et dans le secret, de manière à paroître avec tous ses avantages, quand elle trouvera l'occasion favorable de se produire au grand jour.

J'ai l'honneur d'être, etc.

Le marquis de PUYSÉGUR.

A Paris, ce 4 février 1785.

Croyez et veuillez.

FIN.